現場の先生たちの掲示アイデアを実例写

Windows対応
CD-ROM
付き

子どもがやる気になる!

教室掲示とレイアウト
目的別アイデア集

監 修●明海大学客員教授 釼持 勉

ナツメ社

はじめに

「学級経営のビジョンをどのように具体化すれば良いのか」、「教室掲示の効果を最大限生かすためにどんなことに注意すれば良いのか」、「教室掲示の基本的な考え方がわからず、毎年苦労している」、「マンネリ化してしまう教室掲示を児童の側に立ったものにするにはどうすれば良いか」といった、年度はじめや学期はじめの学級担任の悩みは尽きません。

このような悩みに加えて、教室掲示には、学級担任の学級経営の見通しを反映し、児童に方向性を示して学級の居場所づくりを的確にすることが求められていることも、忘れてはならない点です。

児童一人一人の学びの足跡を掲示したり、学びを啓発したりする役割を担う教室掲示は、単に学級への所属感を高めるだけでなく、存在感のある活動の場としての役割が大きくクローズアップされています。

小・中学校では、教室掲示は学級目標を達成するための手立てとしても大いに活用できます。学級担任は教室掲示で、より良い学校生活にしていくための役割分担を促し、教室の中にある学びの文化を継承し、各教科の学習を支援しましょう。また、教師だけでつくるのではなく、児童が自分たちでつくり上げていく掲示物としての役割を最大限生かすことも、学級担任に求められています。

本書『CD-ROM付き 子どもがやる気になる！ 教室掲示とレイアウト　目的別アイデア集』は、学級担任として教室掲示の効果を最大限に引き出し、児童一人一人に居場所のある教室にしていくために、さまざまなアイデアを取り入れた書籍になっています。これまでにない具体的かつビジュアル化された誌面で、学級経営を支援する教室掲示の在り方を現場感覚で提示しています。この１冊を参考に、学級経営のビジョンを生かし、児童の側に立った教室掲示を実践すれば、明るい教室、居場所のある教室、学びがわかる教室、自己の役割のわかる教室が展開されるはずです。

最後に本書を制作するにあたり、協力していただいた先生方、ナツメ出版企画株式会社、ならびに株式会社童夢の皆さんに多大なる尽力をいただき、お礼申し上げます。

平成28年2月

監修者　釼持 勉

目次

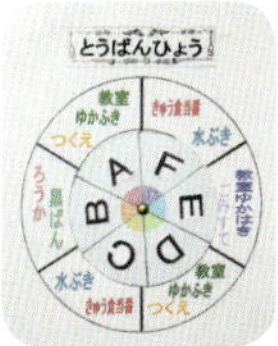

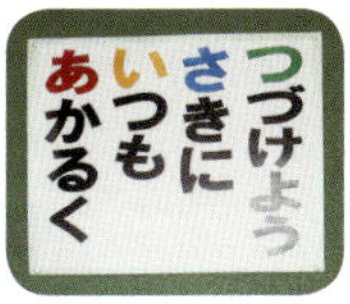

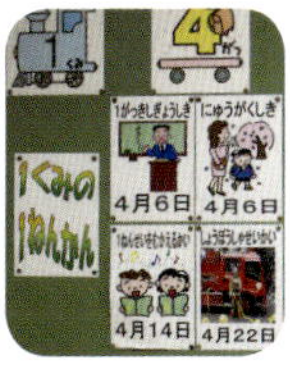

目次

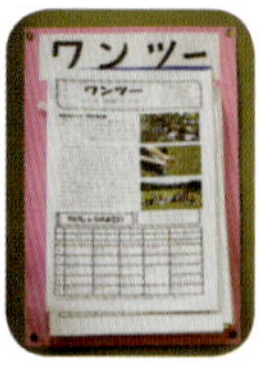

本書の使い方

本書は小学校の教室や学校内に貼る掲示物のアイデア実例を紹介しています。
付属のCD-ROMには、文字や背景を編集できるテンプレートや、印刷してすぐに使えるカット集も収録されています。データについては、P129「CD-ROMを使う前に」をご覧ください。

実例紹介ページの見方

収録フォルダ
各ページで紹介している掲示物と関連するテンプレート素材の収録フォルダを示しています。

タイトル
紹介する掲示物の種類を示しています。

対象学年
各ページテーマの掲示物の対象となる学年を示しています。

キーポイント
掲示物のねらいを示しています。

対象学年・掲示場所
各ページの写真の掲示物ごとに対象学年と掲示場所の例を示しています。

現場からのアドバイス
現場の先生からのアドバイスを紹介しています。

ここがポイント・アレンジアイデア
重要なポイントや、発展させたアイデアを紹介しています。

素材集ページの見方

タイトル
収録されている掲示物の種類を示しています。

収録フォルダ
各ページで紹介している掲示物の収録フォルダを示しています。

テンプレートの説明
画像のさしかえや文字の入力など、テンプレートでできることを示しています。

さしかえ項目
CD-ROMに収録されている、さしかえができるアイテムを示しています。

ファイル名
CD-ROMに収録されているファイル名を示しています。テンプレートには末尾に「w」がついています。
（緑枠）はカラー（4C）、（灰枠）はモノクロ（1C）で収録されています。

教室掲示で生き生き学べる教室環境をつくりましょう

児童の心を豊かに育て、クラスがまとまる教室掲示をするためには、良好な学級経営の考え方に沿って行う必要があります。
そのための基本的な考え方を確認して、掲示で実践するためのポイントを押さえましょう。

1 ▸▸ 教室掲示の基本的な役割

学校生活で毎日目にする教室掲示は、児童にとって大事な教育的役割を担っています。教室掲示の基本的な役割を理解し、掲示計画や掲示づくりに生かしましょう。

掲示の役割① 学級経営の見通しや教師の考えを伝える

小学校の学級担任にとっての教室掲示は、日常の学級経営の見通しや基本的な考え方を表現する絶好の機会です。

ところが、学級経営がうまくいっていない教室では、「教室掲示が整理されてない」、「掲示が固定的で児童の学習の様子が見えない」、「一度掲示したら貼りっぱなしで直さない」などの問題があることも少なくありません。また、教室内でトラブルがあると、学級をまとめることだけに関心が強くなってしまうため、教室掲示に目が届かなくなり、結果として疎かになるという傾向も見られます。

教室掲示と充実した学級経営は、切り離せないものとして考え、一緒に検討や見直しをするようにしましょう。

掲示の役割② 豊かな言語環境を整える

小学生児童の言語能力の発育時期においては、適切な教室掲示を行い、児童が言語への意欲をもち、学びを得られる校内環境をつくることが求められます。その役割を果たす掲示物にするためには、児童が日常的に目にすることで掲示物の効果が得られること、日常の学びの様子が誰に対しても見える公平性と平等性が保たれること、児童が主体的にかかわれる掲示によって学びの意欲が高まることに重点を置きましょう。

教室掲示は、学級担任の人権感覚、言語感覚に左右されることが少なくありません。掲示物として適正でないものが放置されることで、偏見を生む要因となることのないよう自覚をもつことが大切です。

掲示の役割③　意欲を高め、学びの高揚を図る

教室掲示の種類や性質はひとつではありません。年間を通して生活のルールなどを指導する固定的な教室掲示、一定期間に学んだ内容を披露し振り返りをする学習の成果物としての教室掲示、特別な日やクラスの節目に教師の思いを伝えるための教室掲示など、それぞれのもつ性質や児童に与える影響は異なります。

教室掲示は「ただ掲示をすれば良い」というものではなく、常に内容の確認、見直し、改良が求められています。毎日の教室掲示を児童の側に立って考え、教室を明るく潤いのある雰囲気にし、この教室で学びたいと思える環境づくりを心がけて学級経営や教室掲示にあたることが学級担任としての責務といえます。

2 ▸▸ 教室掲示に込める思い

教室掲示には、学級担任のさまざまな思いや願いが込められています。それは、児童一人一人の成長を促すことにもつながり、人間関係を構築するのに役立ちます。

教師の願いを伝える

教室掲示は、学級担任の思いや願いを明確にし、児童に伝えるために大きく役立つことがあります。たとえば、教室正面の黒板に教師が板書して伝えることで、言葉で伝えるよりも深く児童の心に印象づけられます（→P18）。学級経営の考えや見通しを、さまざまな形で積極的に掲示に反映しましょう。

人間関係を築く

教室掲示は、児童が相互に交流する場としての効果もあります。たとえば「運動会に期待すること」と題して児童が自由に書き込めるようにすれば、自他のさまざまな考え方を理解して人間関係を高めていくことにつながります。自分の考えが書きやすい掲示の工夫をすることで互いの思いを知る機会となります（→P69）。

成長を自覚させる

年度初めに１年間の目標や将来の夢についてのめあてを掲示することで、児童は「なりたい自分になるために」頑張る自己を見つめることができます（→P20）。必ず振り返りの機会をもたせ、自己認識をしたり、自己理解を深めたりさせることを大切にしましょう。児童が成長を自覚することでさらなる成長に向かえます。

所属感を高める

教室掲示は、児童の学級での居場所を示すものでもあります。学級目標の掲示物は全員で参加できる形にする（→P26）、一人一人の誕生日を掲示する（→P28）など、自分が学級のなかでどのように思われているか、クラスの一員として必要な存在になっているのかがわかるように、所属感を自覚させる掲示を行います。

3 ▸▸ 教室掲示で押さえたいポイント

教室掲示でのポイントは、計画性をもつこと、児童や保護者に対して心を配ること、掲示の見直しを行うこと、学校の方針に沿うことなどが挙げられます。

ポイント1 教室掲示は計画的に

教室掲示は、時期を考え、季節、行事の進行、学習の進行などに合わせて計画的に行いましょう。前月までに計画的な掲示計画をすることで円滑な教室掲示ができます。月末までに仕上げるために学級活動などの時間を活用して取り組むようにする必要があります。このくり返しで、掲示物の充実につながっていきます。

教室掲示計画の例

4月 年度初めの目標、自己の学習めあて
5月 運動会で頑張ること
6月 移動教室に向けて
7月 夏休みの過ごし方

ポイント2 児童に向けた掲示は工夫をこらす

児童に向けた掲示は、目的によって注意するポイントが異なります。生活の掲示物はわかりやすさとくり返しが大切。学習成果物は、掲示をするだけではなく、必ず教師のコメントを添えて掲示する習慣をつけましょう。

- 生活指導やクラスの決まりごとの掲示は視覚的にわかりやすく
- 掲示によってくり返し行う習慣づけを促す
- 学習成果物を早めに掲示することで学習意欲を向上させる
- 成果物に評価を記述して、一人一人を認め励ますコメントをする
- 学習掲示物は児童が自分で掲示すると学習を積み上げている実感がわく

ポイント3 保護者を意識した掲示づくりを

保護者は、学校公開日、授業参観日、行事参観日などで教室掲示を目にすることがあります。その際、自分の子どもの評価がどのように掲示されているかが一番気がかりです。日頃から、掲示物のポイントを押さえて、いつ保護者に見せても良い状態にしておきましょう。

- 学習成果物には良い点を示した教師からのコメントをつける
- 学習の段階やねらいなどを合わせて掲示する
- 学習成果物に誤字や脱字がないか確認し、あれば児童に修正させる
- 児童の作品は汚れや破損がないか確認する
- 作品を校内の目につきやすい場所に置く
- 作品の特長を生かした掲示を心がける

ポイント4

学校の方針などを掲示で発信する

教室掲示は、学校全体の動きにも合わせて掲示の工夫をする必要があります。

たとえば､「いじめゼロ月間」では、いじめに対する作文、人権にかかわる作文、友達のことを考える作文など、学級活動として「いじめを考える」を議題として活動記録を掲示することができます。12月の人権週間では、人権啓発ビデオを視聴した感想を書いたり、地域の人から話を聞いたりすることで活動報告を掲示する機会とします。調査報告文として地域の「空き缶拾い」の結果を教室や校外掲示板に掲示すれば、多くの人の協力を得る掲示にすることが可能となります。このように、全校的な取り組みにかかわる掲示物は、積極的に外部の人の目に触れるよう工夫しましょう。

ポイント5

掲示物の出来栄えをチェックする

掲示物はつくって貼ったらそこで終了ではありません。教師が自分で掲示の出来栄えをチェックしたり、児童や周囲の反応を見て、掲示の見直しや改良を行いましょう。

チェックシート

- ❶時期や季節に合った掲示となっているか □
- ❷学習や生活の指導月と合っているか □
- ❸掲示の性質に合った掲示方法になっているか □
- ❹掲示に適した期間を過ぎていないか □
- ❺学校行事に合った掲示となっているか □
- ❻成長を促す掲示となっているか □
- ❼児童の交流の場となっているか □
- ❽内容と掲示場所が合っているか □
- ❾今の学びや生活の様子が見えるか □
- ❿明るく、潤いのある掲示になっているか □

4 ▸▸ 基本の教室掲示レイアウト

教室掲示をする場所は、黒板、黒板横、側面、背面、廊下側の5ヶ所が基本となります。ここでは、教室掲示での一般的なレイアウトを紹介します。担任する教室の状況によって、掲示できるものやスペースは異なりますので、下記を参考に適宜変更しましょう。

❶黒板

黒板の上などに学級目標や教育目標などの年間を通じての目標を掲げて志気を高める。黒板には、その日の連絡事項や変更点、週間のめあてなど日々活用できる情報を記載する。

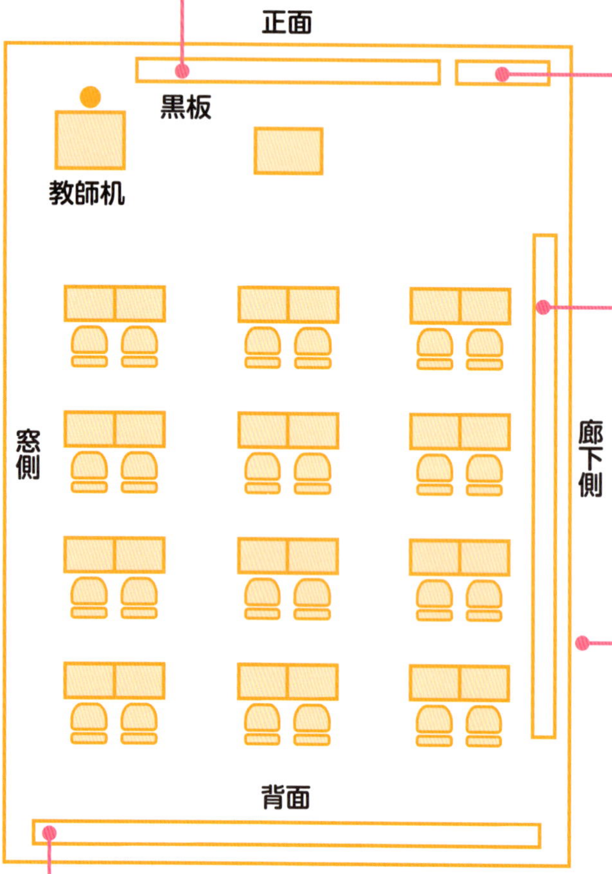

❷黒板横

生活指導目標、保健目標、時間割などを掲示する。

❸側面

学習成果物を掲示する。理科観察カードなどの記録カード、国語の文学的文章の学びの様子がわかる記録などを掲示。

❹廊下側

学習成果物を掲示する。書写の掲示物は指導月に合わせ、作文などは教師のコメントを記入したものを掲示する。

❺背面

明日の予定、1週間の予定、行事、持ち物、各教科の連絡事項などの掲示をする。図工作品などの立体制作物は、ロッカー棚の上に展示する。

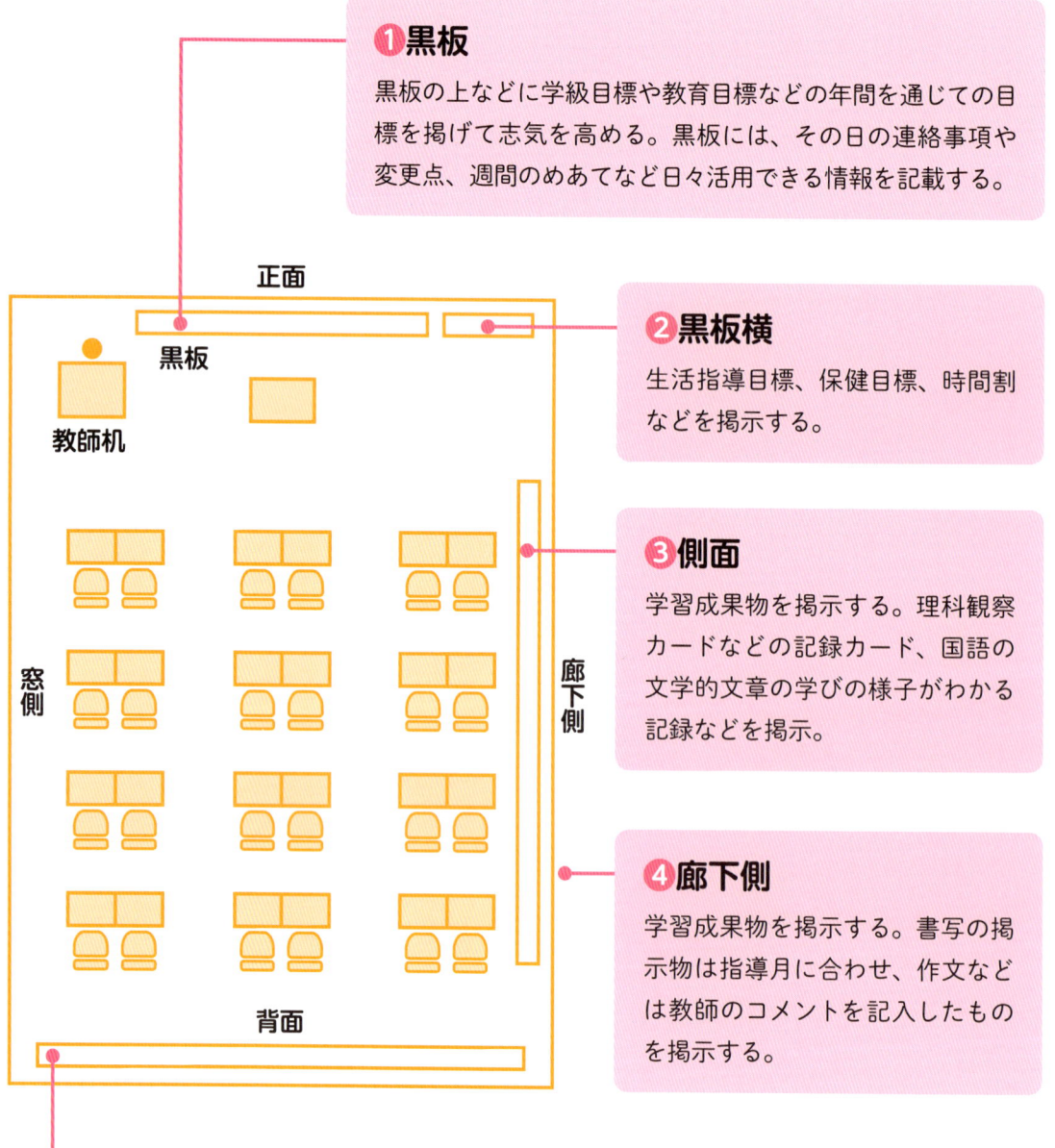

5 ▸▸ 教師机の基本のレイアウト

基本の教室レイアウトのひとつとして、教師の机をどう置くかはとても重要です。教師机の配置によって、教師から見える児童の様子や、児童が感じる教師の視線も変化します。通常のレイアウトと異なるパターンのレイアウトを、状況によって使い分けても良いでしょう。

❶前向き

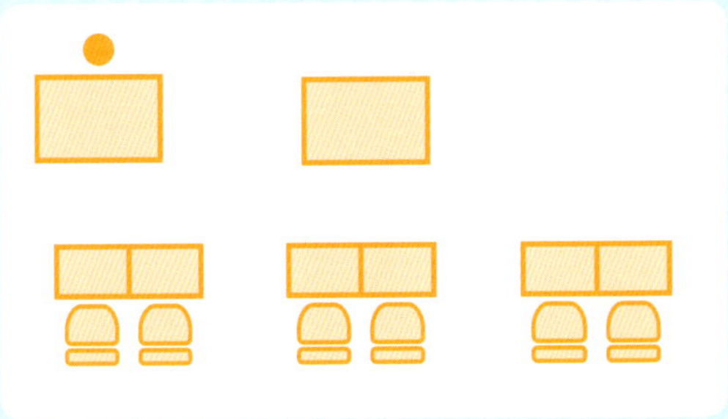

全体を見渡せて児童の顔が見える

児童の机に対して教師の机を正対させ、正面から向き合うレイアウトです。教師机の基本的なパターンであり、子どもの様子がしっかりと見渡せて、児童の顔を見て話しかけることもできる配置です。

❷横向き

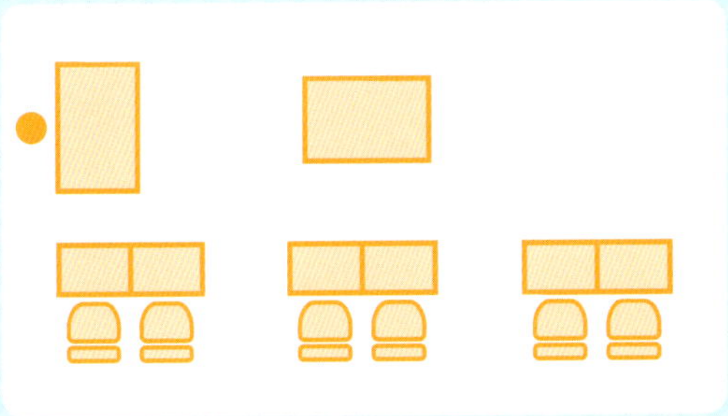

開放感が生まれ児童がリラックスできる

教師の机を廊下側に向け、児童に対して横向きになるレイアウト。児童と向かい合わないため、常に視線を向けられている緊張感や圧迫感が和らぎ、児童は自由に発言や行動がしやすくなります。

❸後ろから

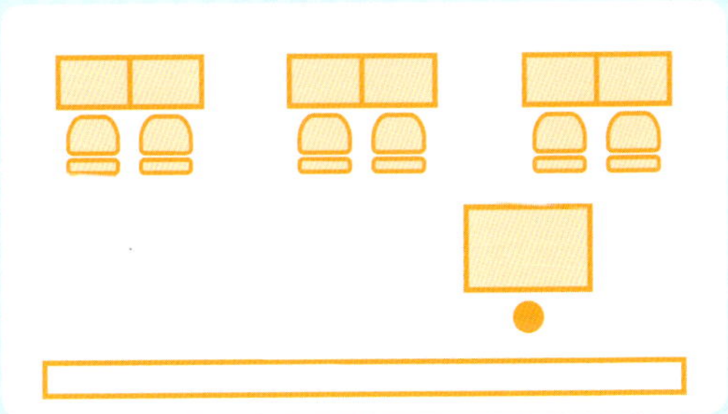

普段は見られない児童の様子がわかる

教師机を教室の後方に置き、児童の背中を見るレイアウト。教室全体が見え、児童が教師をあまり意識することなく過ごせます。また、前方から見ているときと異なる児童の様子や行動が観察できます。

6 ▸▸ 児童の机の基本のレイアウト

児童の机のレイアウトには、主に4つのパターンがあります。すべて前向きにしたり、外側の列だけ斜めにするパターンは、授業のねらいや学校の方針などに沿ってどちらにするか決めましょう。そのほかにも、目的に応じたレイアウトのパターンがあります。

❶前向き

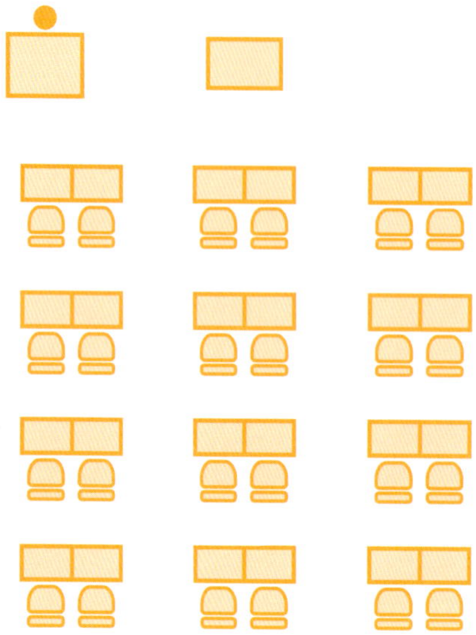

教師と正面から向き合い、コミュニケーションがとれる

児童は黒板を正面から見られるので、板書をノートにとりやすいレイアウトです。クラス全員が前を向いているため、一人一人の目を見て話すことができ、教師からの指示が通りやすいメリットがあります。

また、教師が児童の机の様子を一望できるので、ノートとりの進行状況や、配布物が行き渡っているかなどをチェックしやすくなります。

❷外側斜め

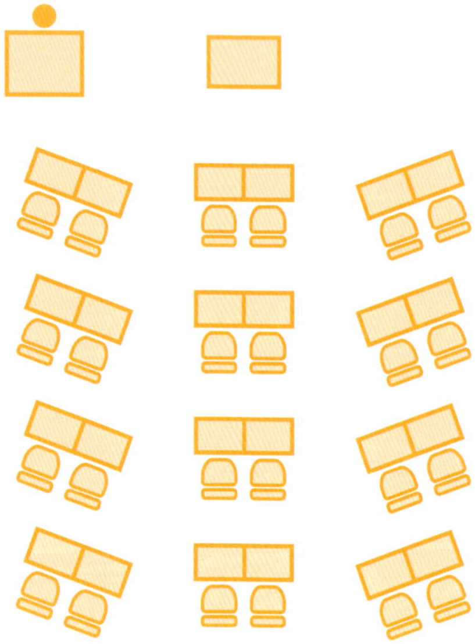

教師を囲むようにしてクラス全体が話を聞きやすい

授業中は教壇の真ん中に立つ教師に対して、外側の席に座る子どもからは、教師の顔や表情が見えにくいこともあります。外側の列だけ斜めにすることで、クラス全員が教師の顔を見て話を聞きやすくなります。

教師から見ても、教室の端や後方の児童の顔がよく見えるため、特に一人一人の意見をしっかり聞きたい道徳の授業でも有効なレイアウトです。

❸コの字

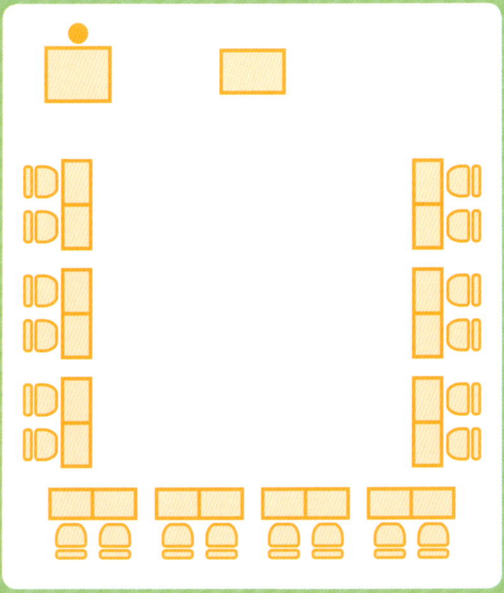

話し合いがしやすく子ども同士で意見交換できる

教室の中心部分を空け、机が「コ」の字になるように配置して、児童と児童が向かい合う形になるレイアウトです。学級会など、児童だけで話し合う機会には、クラス全員の顔が見えて、相手の顔や目を見て話すことができるので、意見交換が活発に行えます。教師は児童の座席の近くまで行って意見を聞くこともできます。保護者会などでも活用できます。

❹グループ

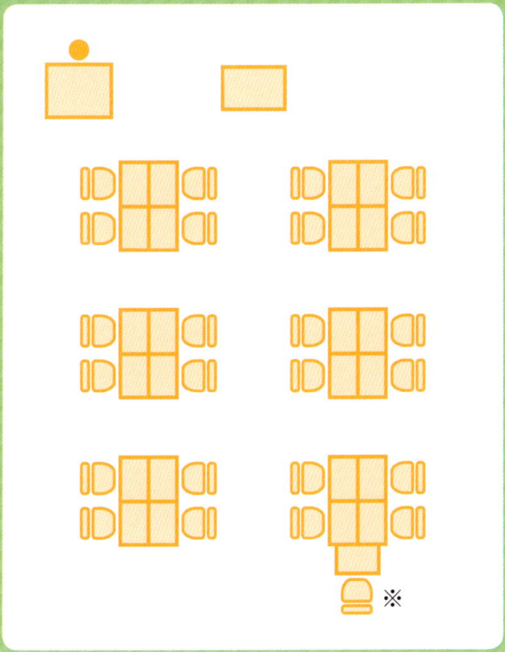

班活動や給食の時間などにグループごとに行動できる

4〜6人程度のグループに分けて、向き合って座るレイアウトです。あらかじめ決めてある班やグループのメンバーで集まり、話し合いをしたり、給食をとったりすることができます。机をくっつけることで作業スペースを大きくとれるので、班ごとの作品制作やたくさんの資料を扱うときにも便利です。机や椅子の移動を効率よく行う指導をしておくと良いでしょう。

※人数が奇数のグループは、端数の席を黒板が見える向きに配置します。

7 ▸▸ 学年ごとの教室掲示の違い

教室掲示は、児童の発達段階によっても、注意する点や工夫するべきことがあります。特に、低学年の児童の掲示には、教師の計画性や配慮が求められます。逆に、高学年の児童には掲示の一部をまかせ、その成長を見守ることもできるようになります。

❶低学年（1～2年）

低学年の児童は、長い文章を書くことはまだ難しく、学習成果物などの掲示物もあまり多くありません。学習状況を掲示する機会を設けるには時間がかかるので、計画的に掲示を行いましょう。この時期の児童は自分の作成したものに対する関心が強く、掲示することで学ぶ意欲を高めることにつながります。また、自己紹介や誕生日カードなど、所属感を意識できる掲示物も有効です。

❷中学年（3～4年）

中学年の児童は、自分のものと友達のものを対比して見るようになります。特に、学習成果物の掲示は、教師からのコメントを記入するものを中心として、一人一人を認め励ます掲示物にしていく必要があります。また、競い合う掲示物には敏感でトラブルの要因となることがあります。発達途中にある児童の様子に教師が十分配慮し、掲示物の内容や掲示による活動に反映しましょう。

❸高学年（5～6年）

高学年の児童は、自分と友達との対比をしつつ、他者に対する批判的な一面ももつようになります。掲示物の中に他者との意見交換や交流を促すものを多く取り入れて、自分の意見や考えを伝えることができる場となることを期待しましょう。また、目標達成へのプロセスを考えたり、分析したりできるようになるため、教室掲示はやり遂げた喜びを実感できるものを多用することが大切です。

8 ▸▸ 教室掲示の注意点

教室掲示は、「学級経営の生命線」ともいわれるものですが、掲示にあたっては児童や保護者に対する十分な配慮が必要です。必要であれば事前に保護者に確認を取り、掲示物によるトラブルのないようにしましょう。

❶児童のプライバシーを守る

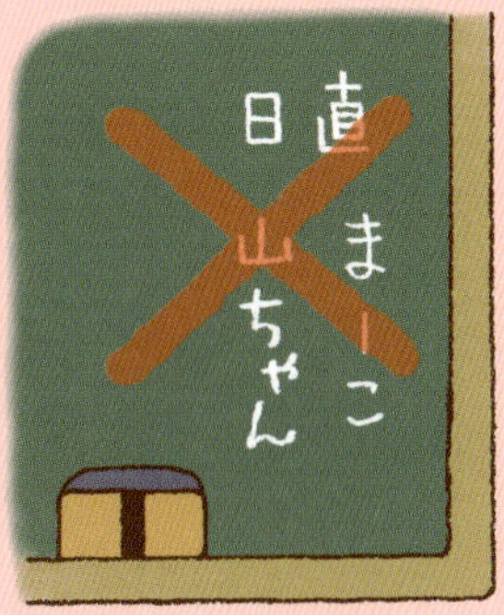

自己紹介カードで血液型を記したり、日直の名前があだ名やニックネームでの記載、いじめを誘発する掲示物などにならないよう、配慮しなければなりません。欠席がちな児童の記名をすることの是非には特に注意が必要です。また、読書感想文などで読んだ書籍名を掲示する際には、児童の思想・信条に配慮する必要があります。

❷言語指導の徹底

教室掲示には正誤・適否・美醜にかかわる言語感覚のある掲示物が求められます。作文に書かれている言葉の訂正の仕方に注意し、教師が必ず一人一人にコメントを考えて掲示する必要があります。また、できた・できないにかかわる掲示物については特別の配慮をしなければなりません。特に、いじめにつながる「冷やかし、からかい、悪口」などの言語環境を正しく整備することが学級担任の大きな役目です。

❸競い合う掲示物は避ける

学級活動として、一人一人がどれだけできたかをグラフにすることはあっても劣等感を抱かせることのないよう配慮が必要です。また、できた分だけを示す表やグラフによって、意欲の低下、負担感だけが増幅されることのないようにしなければなりません。競い方をどう展開するのか、教室掲示として本当に必要なのかどうかを検討することが不可欠です。

9 ▸▸ 教室掲示を貼るタイミング

この本に掲載している掲示物を貼る時季やタイミングを紹介します。あくまで目安のため、目的や用途によって貼る期間やタイミングを変えてもOKです。

●決まった期間に新規で、または更新して貼る掲示

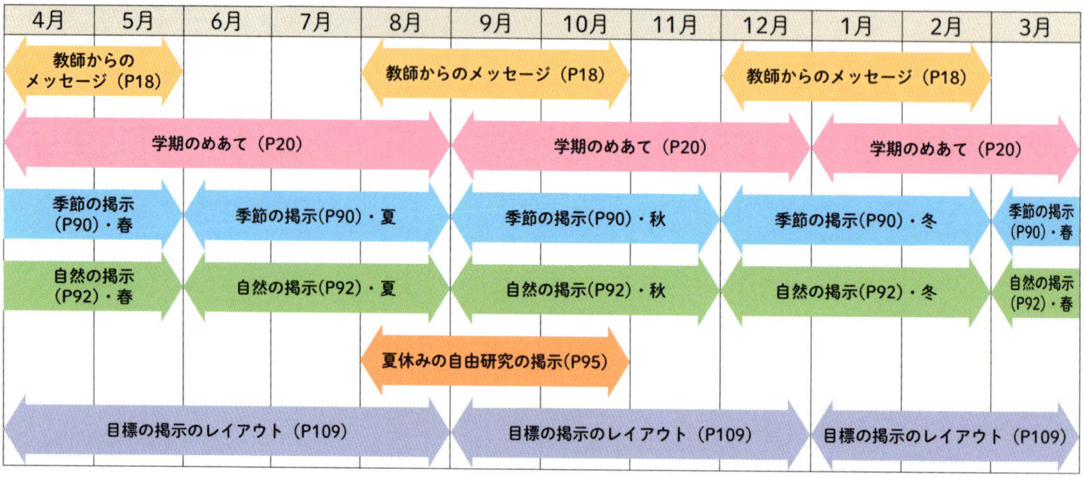

●4月～通年で貼る掲示

自己紹介＆目標カード（P19）
手づくり行事予定表（P22）
学級目標①（P24）
学級目標②（P26）
誕生日の掲示（P28）
あいさつの掲示（P32）
時計の掲示（P34）
くつの扱い方の掲示（P35）
整理整頓の掲示（P36）
手洗い・うがいの掲示（P38）
廊下の歩行の掲示（P39）
話し方・聞き方の掲示（P40）
声のものさし（P42）
ハンドサインの掲示（P43）
発表の仕方の掲示（P44）
学級会の掲示（P46）
正しい姿勢の掲示（P48）
えんぴつの持ち方の掲示（P49）
係活動のポスター（P52）
係活動の発表（P54）
一人一役当番表（P56）
給食当番表（P58）
掃除当番表（P60）
給食指導の掲示（P62）
掃除の指導の掲示（P63）
時間割表（P64）
日直仕事の掲示（P66）
個人ネームカード（P67）
連絡黒板（P68）
「朝の会」「帰りの会」の掲示（P70）
音楽室の掲示（P86）
図書室の掲示（P88）
保健室の掲示（P89）
クラスの決まりごとの掲示（P104）
クラス目標の掲示（P105）
言葉遣いの掲示（P106）
道徳の掲示（P108）
良い行いを見つける掲示（P110）
花まるを集める掲示（P115）
「しつもんくじ」の掲示（P116）
目標やお便りの掲示のレイアウト（P118）
学級便りの掲示（P120）
教室案内の工夫（P124）

●学習進度に合わせて貼る掲示

国語の掲示①（文字・漢字）（P74）
国語の掲示②（授業の内容）（P76）
短歌・俳句・書写の掲示（P78）
英語の掲示（P80）
算数の掲示①（解き方）（P81）
算数の掲示②（公式）（P82）
算数の掲示③（単位）（P84）
社会の掲示（方位）（P85）
観察カードの掲示（P94）
ノート指導の掲示（P96）
図工作品の掲示①（P98）
図工作品の掲示②（P100）

●校内でのイベント開催時に貼る掲示

他学年・外部との交流の掲示（P112）
賞状・MVPの掲示（P114）
情報発信の掲示（P122）
保護者来校時の掲示（P126）

第1章

学期のはじめ・区切りに行う掲示

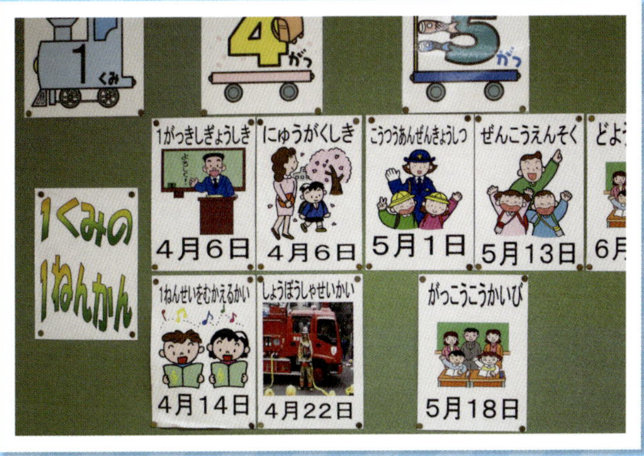

新学年の教室掲示は、児童に新しい生活への期待をもたせ、
教師や子どもたちのコミュニケーションのきっかけとなり、
クラスを活気づけるものにしましょう。
また、学習や生活の具体的な目標をもたせ、
それに向かって努力できるよう、各学期の節目には
振り返りを欠かさないことも意識しましょう。

新入学や新学期への期待感を高める

教師からのメッセージ

対象学年
1〜6年

KEY POINT　これからの学校生活に夢と期待を抱ける明るい内容に

新入学や進級で新しい教室に入ったとき、まっさきに目にするのが黒板です。教師と子どもたちとの絆が、この黒板メッセージからはじまります。これからの1年を実り多いものにするために、あたたかく前向きな言葉を贈りましょう。

対象学年　1年
掲示場所　黒板

黒板をイラストや色画用紙などでカラフルに飾り、「入学（進級）おめでとう」と大きく書き、残りのスペースに教師からのメッセージを書く。これからの毎日が希望にあふれたものになると感じさせる内容に。

ここがポイント

お祝いの雰囲気を出す

新入学の場合、黒板はもちろん教室全体にも、桜やチューリップなど春やお祝いごとにふさわしいシンボルを飾り、歓迎ムードを演出します。

アレンジアイデア

2学期以降は親しみをもたせて

学期はじまりには「新学期で楽しみなことは何ですか?」などの問いかけも。子どもが答えを書き込むスペースを設けると交流が深まります。

現場からのアドバイス

メッセージの代わりに、「出会い」「はじまり」「希望」などをテーマにした詩を書いても、子どもの印象に残ります。

写真入りで親しみがわく

自己紹介&目標カード

対象学年
1〜6年

KEY POINT 新しいクラスのメンバーとしてはつらつとした印象に仕上げる

新入学・進級で新しいクラスの一員となった子ども同士が、互いを知って親しみを抱くのに役立つのが、自己紹介カードです。似顔絵よりも写真の方がわかりやすく、目標を書き添えることで向上心の育成に役立ちます。

対象学年 3年
掲示場所 側面

写真とニックネーム、頑張る目標などに内容を絞り、すっきりと見やすいレイアウトにした自己紹介カード。子どもたちの笑顔や明るい表情が決め手となるので、撮影には力を注ぎたい。

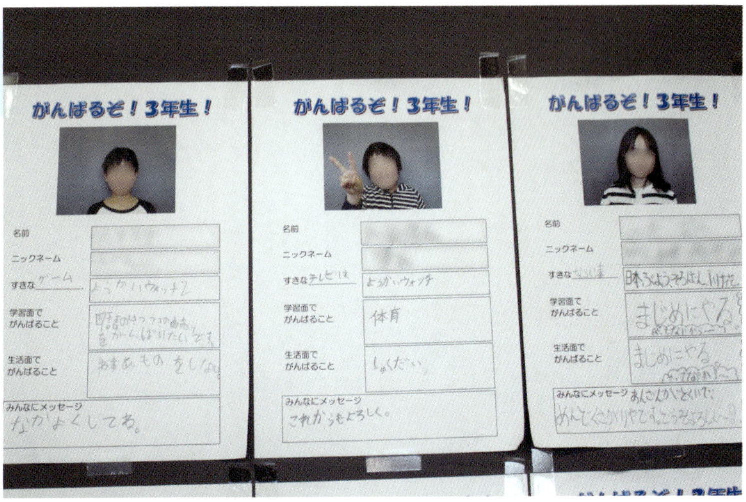

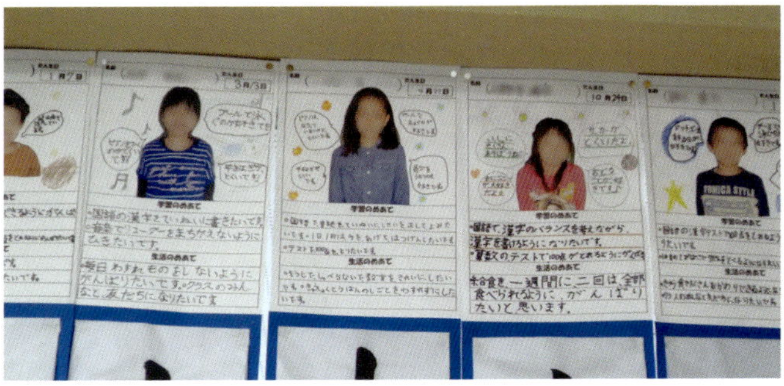

対象学年 1〜6年　掲示場所 側面

自己紹介と1年間のめあてを記した自己紹介カードを、1年間掲示する。教室に自分の写真があることで所属感をもたせるのがねらい。長期間掲示するため、下書きの上をマジックでなぞり、遠目からでもくっきり見えるよう工夫する。

現場からのアドバイス

写真は学校で撮影・プリントアウトします。子どもの写真の切り抜きを本人がするか教師がするかは、学年に応じて変えます。

kyousitu ▶ 01_keijibutu 06_mokuhyou_4c / 06_mokuhyou_1c

目標を立て、実行・振り返りができる

学期のめあて

対象学年

1〜6年

KEY POINT 定期的な目標の振り返りで、ブレずに前進させる

学期のめあては目標とする数値を入れるなど具体性をもたせて書くよう、指導します。定期的な振り返りを行い、達成のために努力したことや、達成できなかった理由などを自己評価する場を設けると良いでしょう。

対象学年 4年　掲示場所 背面

新学期のはじまりに学習面・生活面の目標と、それを実践・実現するための具体的な方法も書き出して掲示する。毎月の振り返りも書きためておき、学期の終わりには実現できた充実感を全員で味わう。

ここがポイント　コメントで背中を押す

月に一度の目標の振り返りは、翌月の頑張りへつなげる大事な時間です。教師も必ずコメントをつけ、応援の言葉で子どもの背中を押してあげましょう。

現場からのアドバイス

適切な目標を立てているかどうかは大事な評価ポイント。また、経過を学級便りで紹介することもあります。

対象学年 1年　掲示場所 背面

新年度や新学期の目標を立てた短冊を掲示する。1年生のため、覚えたての字で自ら書き表すことに意義がある。今後の学習予定を話しながら作成すると、子どもたちも目標を立てやすい。

対象学年 4年　掲示場所 側面

学年はじめに自分を描いたカードに1年間と1学期のめあてを書く。透明ケースで保護し、年間を通して掲示し、振り返りを行う。2学期、3学期にも新しいめあてを貼り足すため、あまり大きな用紙にしない。

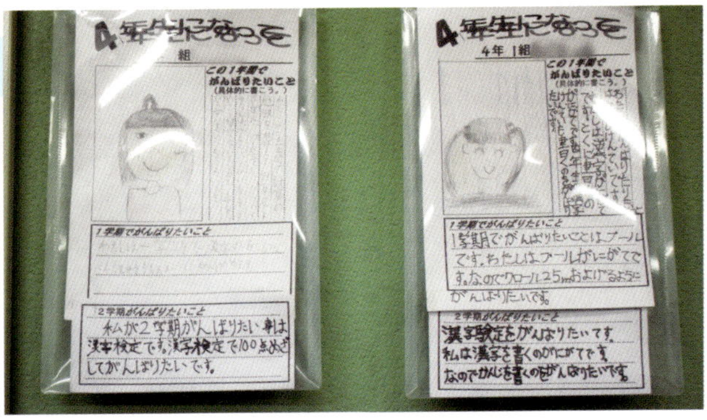

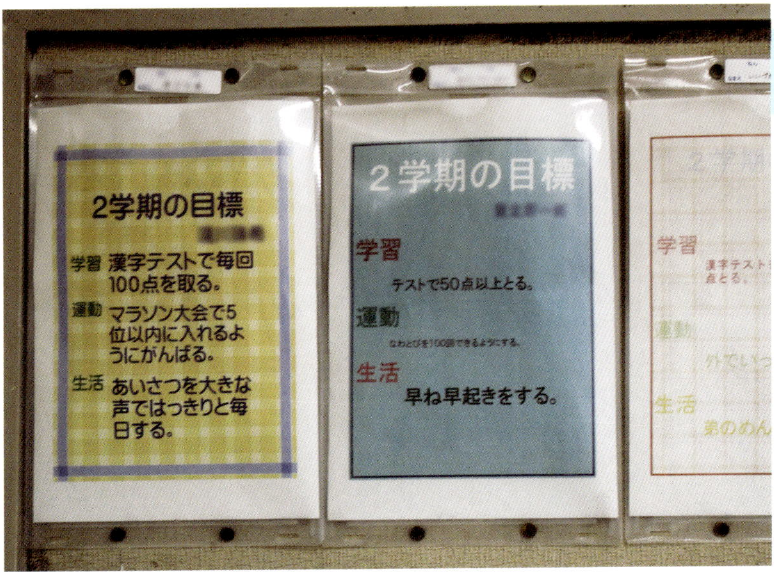

対象学年 4年
掲示場所 背面

今までは手書き作成だった学期目標を、初めてパソコンでつくらせたもの。子どもが背景や色を自由に選び、思い思いにつくるため、目標達成へのモチベーションを高められる。掲示を見るたび自分の目標に立ち返れる。

行事への期待感が高まる

手づくり行事予定表

対象学年
1〜6年

KEY POINT それぞれの行事に注目できる短冊型やカード型がおすすめ

1枚1枚掲示する手づくりの行事予定表には、プリントされた一覧表にはないあたたかさと、子どもたちの行事への興味や期待がたくさん詰まっています。ひとつの行事を解説する際も視線が集中しやすく、連絡事項が伝わりやすいでしょう。

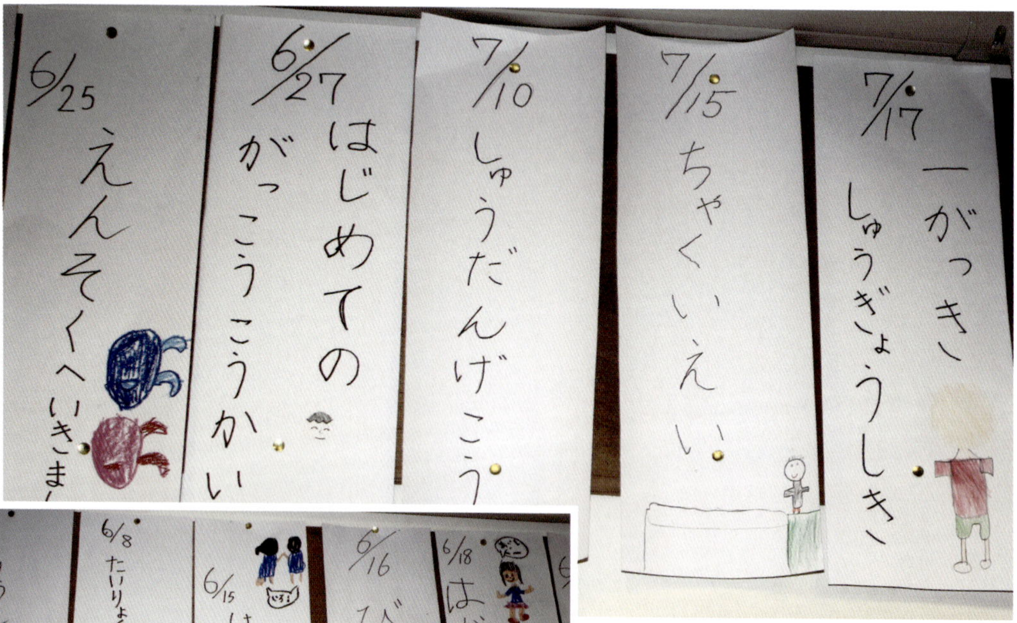

対象学年 1年　掲示場所 背面

太めの短冊に子どもと一緒に行事の日程と予定を書き、空いたスペースには行事にちなんだイラストを描かせる。1年生には、字を書くことの練習にもなる。短冊を掲示すると、1年間にたくさんの行事があることが実感でき、学校生活への期待が高まる。

現場からのアドバイス

子どもと一緒につくることで、自然と「どんなことをするの?」など会話が弾み、行事への興味が生まれます。

対象学年 3年　掲示場所 側面

各始業式の日に学期中の見通しを話し、その際に色模造紙の短冊で、行事予定表をつくる。短冊を何枚も並べて掲示すると、子どもたちは多くの行事があることに気づき、その学期の意欲向上につながる。

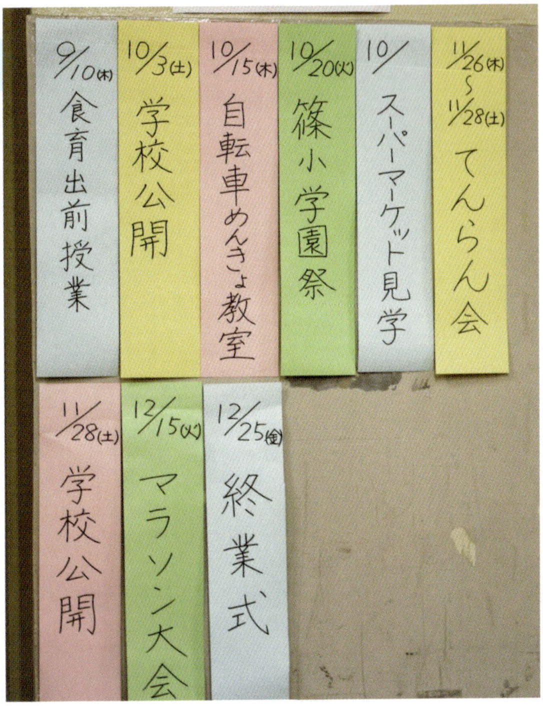

ここがポイント

めあてを考えるために活用

終業式の日にこれらの行事予定表を見ながら振り返りを行います。学期途中も残っている行事を子どもたちと確認しあい、めあてを考えるきっかけにします。

対象学年 3年　掲示場所 側面

行事予定を1枚ずつのイラストつきカードにして掲示する。文字だけの掲示よりも視覚的に伝わりやすい。また、行事の持ち物の連絡などにもカードを活用すると、内容がしっかり子どもの頭に入る。

アレンジアイデア

行事までのカウントダウンも

一番近い行事をとり上げ、「あと○日」とカウントダウンをするコーナーをつくると、子どもの意識が行事に向くようになります。

現場からのアドバイス

行事が近づいてきたら、予定表を見せながら楽しみになるような声かけをすると、子どもの意欲が高まります。

学級の思いや願いをシンプルにまとめる

学級目標①

対象学年
1～6年

KEY POINT　掲示のもとに一致団結できるような言葉とデザインを

1年間をともに過ごす仲間と、どんなクラスにしたいかを考えることは、学年はじめの大きな課題です。子どもたちの話し合いの中から出てきた言葉を生かし、簡潔なスローガンにまとめて。遠くからでもはっきり読めるデザインにしましょう。

対象学年 4年　掲示場所 前面黒板の上

中学年になると、教師の思いを伝えながら一緒に学級目標を考えることもできる。掲示はくっきりした字で目立つように。実際に目標達成するためにどんな活動をしたか、頑張ったところなどの振り返りを行っていく。

ここがポイント
黒板上がベストポイント

子どもが席に着いた位置から一番目に入るのが、黒板の上の位置です。学級目標を掲示するには、この位置がおすすめ。字の大きさは事前にチェックを。

現場からのアドバイス

学級目標を掲示するだけでなく、日々の活動の中で、目標に向けて頑張っていることを評価し、意欲づけする必要があります。

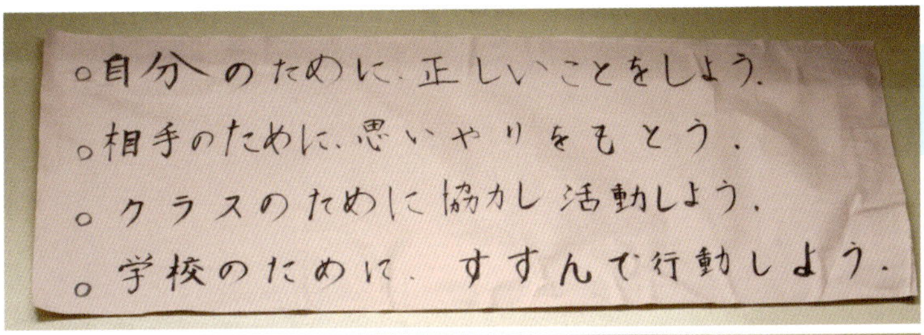

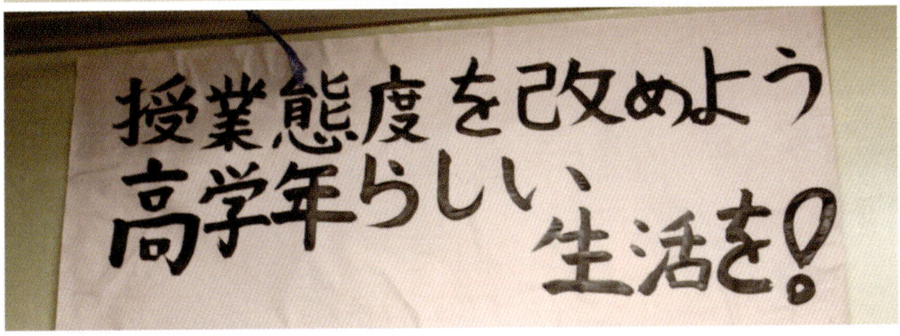

対象学年 5年
掲示場所 前面黒板の上

上の掲示は担任からの願い、下は学級会で子どもたちが決めた目標。それぞれを並列に掲示。常に目につく位置にあるので振り返りがしやすい。書写が得意な子どもに書かせている。

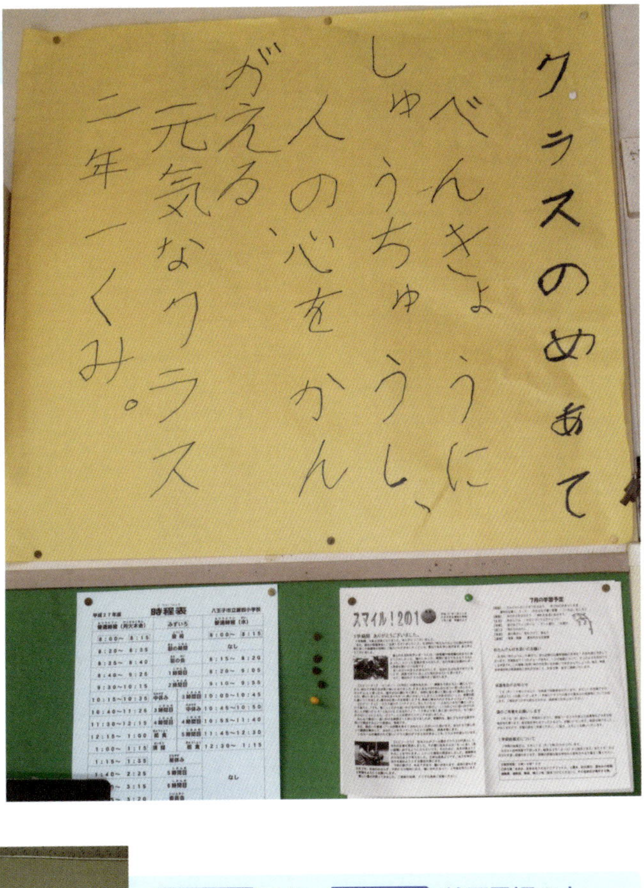

対象学年 2年 掲示場所 黒板横

2年生の学級目標としてシンプルな内容に絞りつつ、クラスの全員が日々意識してこのめあてを行動に移せるように指導している。学校目標、学年目標などを踏まえて、子どもに合わせた言葉にしている。

ここがポイント

色は子どもに配慮して

色に敏感に反応する子どもが学級にいる場合、掲示はシンプルな色・絵柄にすることがおすすめです。

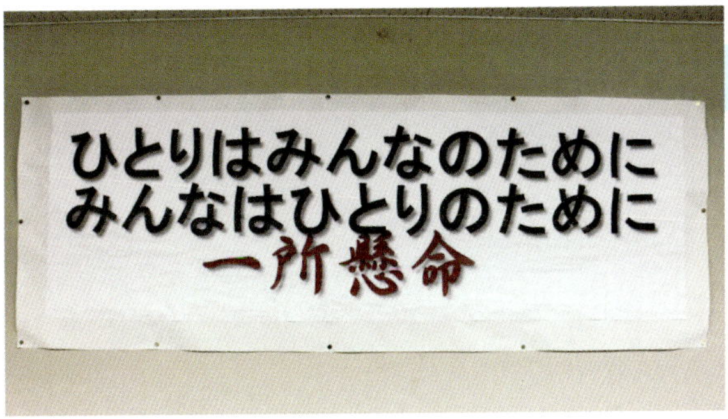

対象学年 6年 掲示場所 前面黒板の上

学級として大切なこと、6年生として大切なことを子どもたちに考えさせ、それを短い言葉にまとめたもの。子どもたちがあらゆる場でリーダーとして活躍できるようにという教師の願いを込めた掲示。

クラス全員参加で所属感が高まる

学級目標②

対象学年
1〜6年

KEY POINT 一人一文字、手形や似顔絵で学級目標に参加意識を

学級目標の言葉を、クラス全員で一文字ずつ分担してつくりあげるのも楽しい作業です。掲示を目にするたびに、この掲示のように全員で力を合わせて目標を達成しようという意欲が高まり、クラスへの所属意識が確かなものになります。

対象学年 3年 掲示場所 前面黒板の上

画 用紙に○をたくさん印刷し、学級目標の言葉を一人1枚（一文字）ずつ担当する。文字の周囲は色鉛筆で塗り、明るい雰囲気を添えている。子どもは自分の字が入っていることを嬉しく感じられる。教師が台紙に貼り付け、タイトルを書く。

ここがポイント 文字は筆記用具を選んで

文字は遠くからでもはっきり見えるように、濃く太く書ける筆記用具を選びます。上の例はネームペンを使いましたが、さらに濃いペンでもOK。

現場からのアドバイス

学級目標は朝の会で全員で読み上げ、毎日目標に向かって意識的に行動できるよう誘導していきます。

対象学年 6年
掲示場所 背面

低学年の頃に比べずっと大きくなった6年生の手。成長を残す意味も込めて学級目標の彩りとして使用。自分はこのクラスの一員だと感じられるようカラフルな色で個性を表現。文字は書写の上手な子どもの出番に。

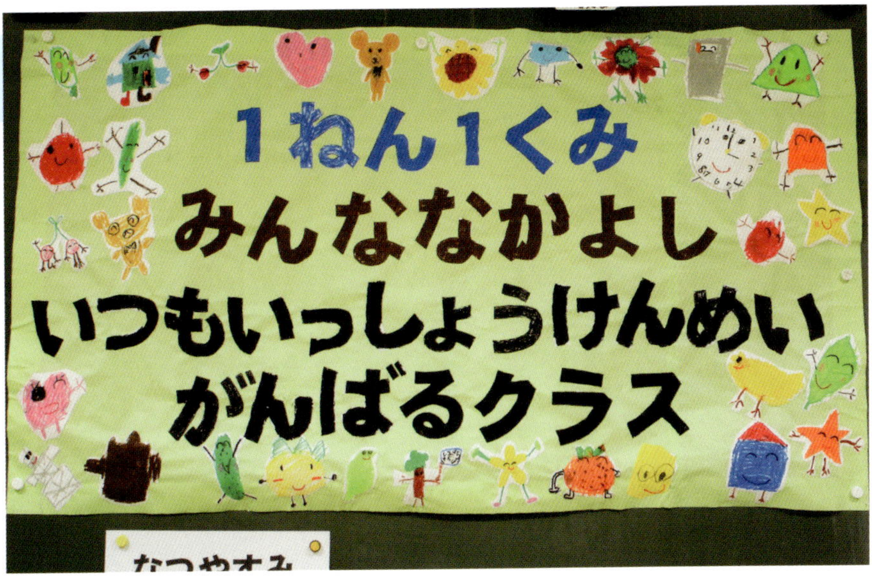

対象学年 1年
掲示場所 背面

目標が身近になるよう話し合い、図工でつくった「自分マーク」を飾った。1年生のため文字書きはまだ難しいので一人一字ずつ中抜き文字に色塗りし、子どもの目に触れる位置に掲示して朝の会で読み上げる。

対象学年 2年 掲示場所 前面黒板の上

学級目標の文字を、ちぎり絵のように一文字ずつ分担して作成し、自分の似顔絵とともに貼り付ける。掲示物を全員で一から手づくりしたという手応えでクラスがまとまり、目標達成に意欲的になれる。

見た目も楽しく誕生日が祝える

誕生日の掲示

対象学年
1〜2年

KEY POINT 一人一人の記念日を祝い、互いを大切にする気持ちを育てる

誕生日の掲示によって、子どもは一人一人が記念日を祝われていることを実感し、また、祝うことで友達の存在を認める気持ちが生まれます。掲示が楽しげであることはもちろんですが、誕生日当日の子どもへの声かけはさらに重要な働きかけです。

現場からのアドバイス

顔写真の掲載が可能かどうか、年度はじめに保護者に確認をしておくなど配慮しましょう。誕生日の日付の確認もしっかりと。

対象学年 1年　掲示場所 背面上部

花びらに子ども一人ずつの写真つき誕生日カードをつけ、誕生日が来た子にはリボンなどをつけて、掲示においてもお祝いの気持ちを表現する。カードはめあてつきのものにして１枚ずつの掲示にすれば、年度の終わりに自宅に持ち帰ることができる。

ここがポイント

子どもの交流のツールとして

顔写真や似顔絵などは大きく扱って、友達の顔を早く覚えられるように活用します。台紙はあたたかみのある色を選んで。

対象学年 1年　掲示場所 背面上部

子どもが大好きな汽車をモチーフに誕生日列車をつくり、子どもが描いた似顔絵を乗せる。大人数が乗る月は客車を大きくする。月名の用紙には季節のイラストを添え、月ごとに客車の色を替えるなど楽しげな要素を加える。

対象学年 2年
掲示場所 背面上部

ビニールテープでつくった五線譜に、カラフルな色の12ヶ月の音符を貼る。子どもの名前と誕生日を符頭に貼るが、誕生月の子どもが多い場合は連符にする。1年間きれいに保持するためのラミネートも。

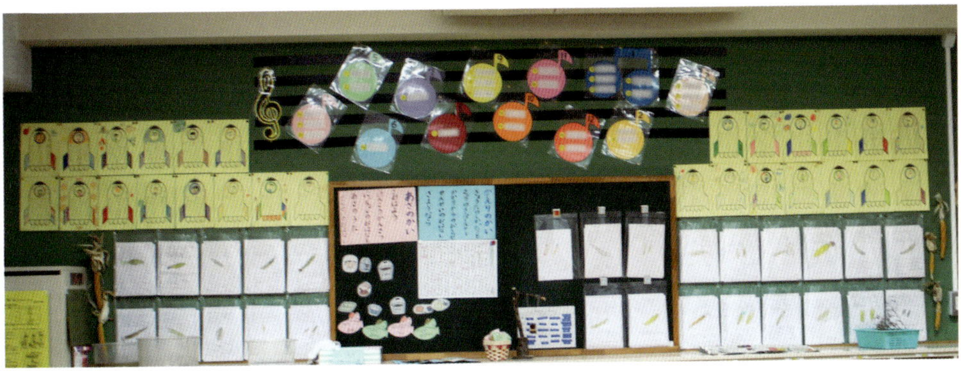

対象学年 2年　掲示場所 背面上部

一人ずつ自分の似顔絵、氏名、誕生日を描いた誕生日カードを作成し、背面に掲示。空間をとり、1枚ずつ目立つように配置している。数字や名前には見やすくするために濃い色を使うよう指導する。

まだある!
掲示のアイデア ピックアップ

行事の掲示は タイミングを逃さず、 季節感とスピード感を大事に!

楽しさも学びも、体験が新鮮なうちに掲示でアピールしたいものです。
季節の飾りをこまめに変え、子どもの目を集めて読み込ませましょう。

運動会の掲示

掲示スペースをゆったり使ってタイトルを示したインパクトのある掲示。大小のどんぐりが季節感を添えています。

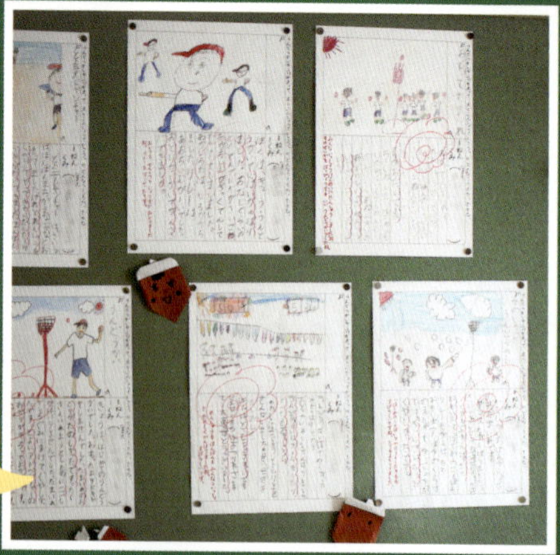

行事の感想は、興奮や感動が冷めやらないうちに伝えるのがベストです。友達が書いたものからさらに話題が広がることもあります。

夏休みの絵日記の掲示

夏休み中の子どもの体験を絵日記に書かせ、夏休み明けになるべく早く掲示します。めくって裏面も見られることも忘れずに書き添えて。

第2章

生活のルールを学ぶための掲示

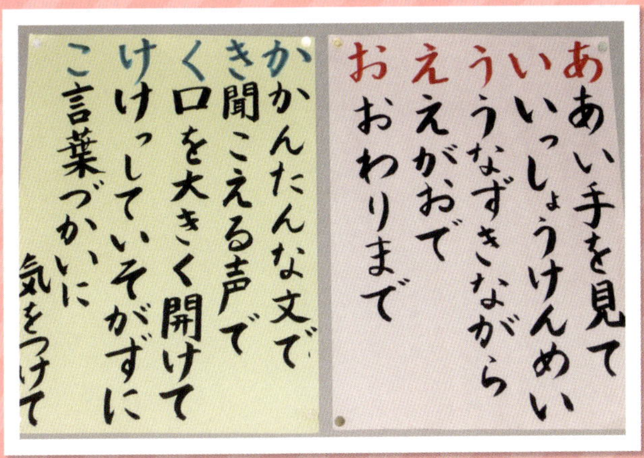
ああい手を見て
いいっしょうけんめい
ううなずきながら
ええがおで
おおわりまで
かかんたんな文で
き聞こえる声で
く口を大きく開けて
けけっしていそがずに
こ言葉づかいに気をつけて

あいさつ、整理整頓、話し方や聞き方などの教室掲示物は、
子どもの社会生活における基礎をつくるための
重要な役割を担います。
掲示する際のポイントは、毎日目にする場所に掲示し、
くり返し指導して習慣づけること。
また長期的な目で掲示計画を立て、掲示物の強度を
高めるなどの工夫も必要です。

明るく元気なあいさつが身につく

あいさつの掲示

対象学年
1〜6年

KEY POINT 一日のはじまりにあいさつを交わす大切さを明確に示す

自分から元気のいいあいさつをすること、受けたあいさつは必ず返すことなど、ねらいを絞り、具体的な言葉で行動を促しましょう。明るい雰囲気の掲示を心がけ、あいさつしたくなるように誘導します。

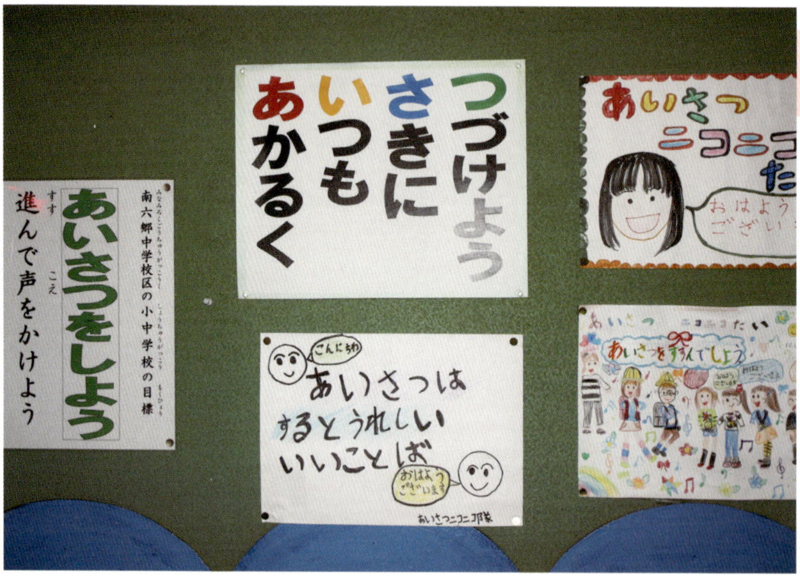

対象学年 3〜4年
掲示場所 背面

子どもたちのポスターや端的な標語、地域活動ポスターなど、同一テーマの掲示をひとまとまりにしてインパクトを出した掲示。各ポスターの個性や鮮やかな色彩であいさつの楽しさを多面的に表現する。

ここがポイント

校内のいたるところに掲示する

あいさつ運動のような全校的な取り組みの掲示は、教室内だけでなく廊下や教室のドア面、昇降口付近など子どもたちが朝、顔を合わせそうな場所に多数掲示を。

現場からのアドバイス

あいさつの標語を子どもたちに考えさせ、ポスターを掲示することを事前に伝えると、張り合いが生まれます。

対象学年 1～6年　掲示場所 教室ドア

児童と登校時に「おはようございます」とあいさつをして教室に入る約束をし、教室のドアにポスターを掲示。ついうっかり約束を忘れがちな子どもも、ポスターを見ることで思い出せる。

ここがポイント

掲示物をきれいに保つ

教室ドアに長期間貼るものは、ラミネートやクリアファイルを活用すると、きれいな状態が長く保たれて、あいさつの爽やかな印象を損ねません。

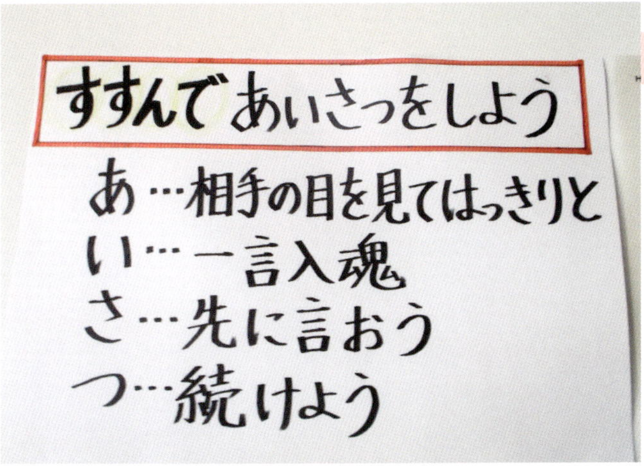

対象学年 5～6年　掲示場所 背面

「あいさつ」を頭文字にして標語を作成し、質の高いあいさつを具体的に示す。シンプルな言葉やスポーツにかけた言葉など、学年に合わせた表現にして、頭に入れやすいようにするのがねらい。

対象学年 2年　掲示場所 背面

道徳の授業で学んだあいさつの大事な言葉をイラストとともに掲示し、振り返りをさせる。あいさつの具体例（おはよう・ありがとうなど）を吹き出しにし、口に出やすくする。

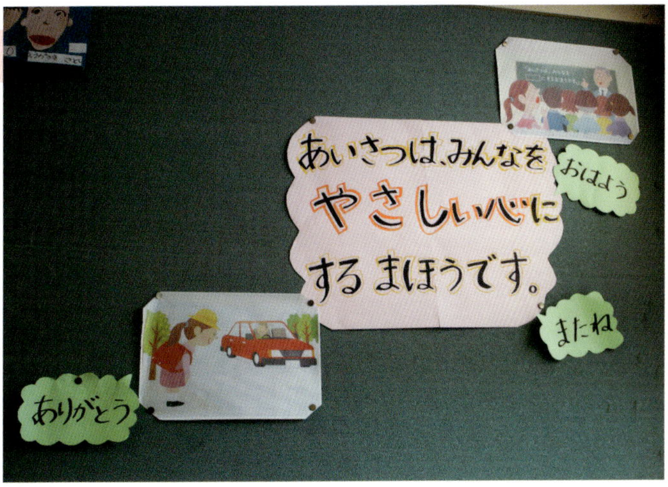

時間を意識した行動が身につく

時計の掲示

対象学年
1〜2年

KEY POINT　学校内の生活スケジュールと時計の読み取りを関連づける

朝の会や給食時間、午後の授業の開始時刻など、学校生活のポイントとなる時刻の時計の針の位置を示し、見やすい位置に掲示しましょう。アナログ時計の長針・短針をはっきり描き、時計の読み取りも明確に示します。

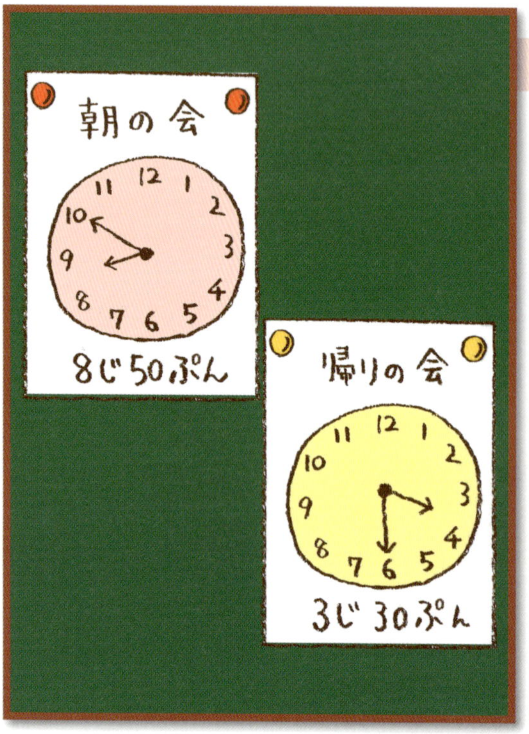

対象学年　1〜2年　掲示場所　前面黒板

「○の時間　○時○分」と掲示物に記し、時計の読み取り方と時刻の関係をスケジュールに結びつけて理解させる。複雑にしないため、ひとつのスケジュールについて1個の時計盤で示すことが大切。教室の実際の時計と見比べさせると印象づけやすい。

アレンジアイデア　スケッチブックで

スケッチブックを使って、1ページずつに時計の文字盤とスケジュールを描いたものをつくっておくと、そのつど必要な時刻を伝えられて便利です。

対象学年　1〜2年　掲示場所　前面、黒板

「給食時計」と題し、給食時間内に「いただきます」から片づけまで終了できるように、時間配分を時計の針の位置で示す。食事量の調節にあてる時間、楽しく話しながら食べる時間、「ごちそうさま」に間に合うように食べる時間などを短針の位置で示す。

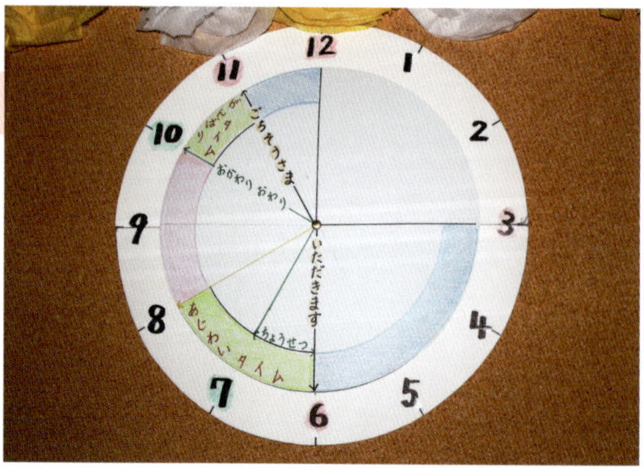

ものをていねいに使い、片づけられる

くつの扱い方の掲示

対象学年
1〜2年

KEY POINT くつの正しい扱い方の見本を、イラストで示す

子どもにとってくつの脱ぎ履きは面倒なもの。ついつい雑な扱いになりがちですが、正しい履き方、片づけ方は低学年のうちに身につけたいものです。受け入れやすいようにイラストで示し、声かけも合わせて行いましょう。

対象学年 1〜2年
掲示場所 黒板横、背面　ほか

上履きに顔を描いたカードをつくり、常時の掲示のほか朝の会で呼びかけ・チェックに活用する。強制的に指導するのではなく、「(上履きに)ありがとうと言ってもらえるように」などソフトな声かけで促す。

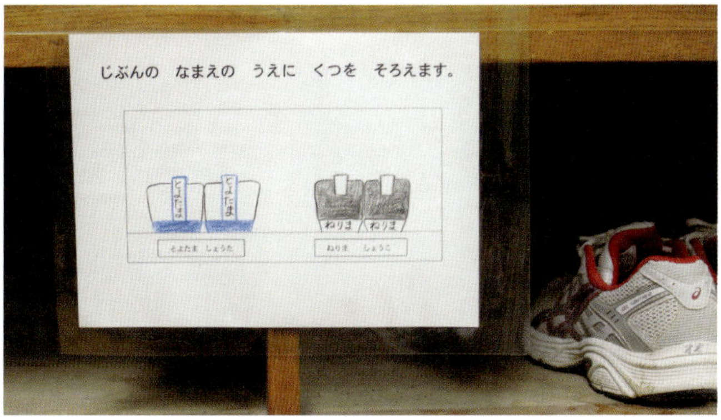

対象学年 1〜2年　掲示場所 下駄箱

くつの正しいしまい方をイラスト見本で下駄箱に掲示する。低学年の子どもたちは「見たまま」をまねるため、きちんと収納しやすくなる。汚れやすい場所に掲示するので、きれいに保つ配慮が必要。

現場からのアドバイス

低学年には、口頭で指導しても内容が伝わりにくいので、目で見てわかる掲示が効果的です。

身の回りの環境を整えられる

整理整頓の掲示

対象学年
1〜6年

KEY POINT 1つ1つの持ち物の収納場所を明確に示す

名札や文具、副読本、プリントファイルなど、子どもたちはたくさんの種類のものを教室に保管します。出し入れは「目に見える収納法」で、わかりやすくシンプルに。身の回りが整うと、落ち着いて学習に向かえます。

対象学年 1〜4年
掲示場所 黒板横

ポケットつきカレンダーを利用した「名札入れ」。自分の出席番号のポケットが名札の指定席。登校したら自分の名札を取り出し、下校時は元の位置にしまう。名札を自宅に持ち帰らずに教室で管理できる。

対象学年 3年　掲示場所 背面

教室で保管する副読本やファイルなどは、班ごとのファイルボックスに収納。使うときは班の係がボックスごと運べばいいので、収納場所付近が大勢の子どもたちでごった返す心配がない。

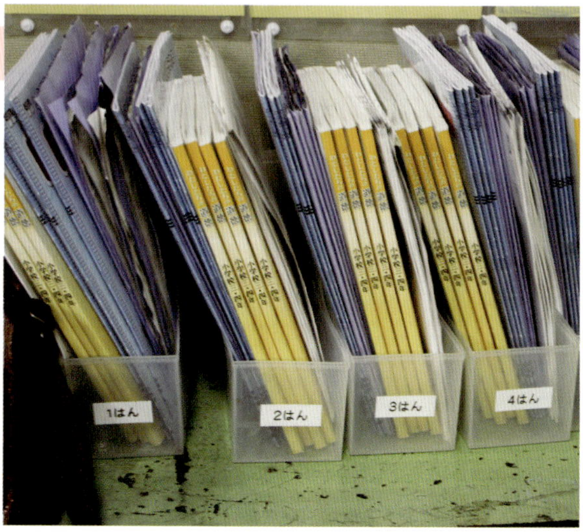

アレンジアイデア

収納ボックスを寝かせて

ドリルなど、立てて収納しにくいものは、市販の収納ボックス（深めのタイプ）を横に寝かせて活用しても。その際も出席番号シールで個人の場所を示します。

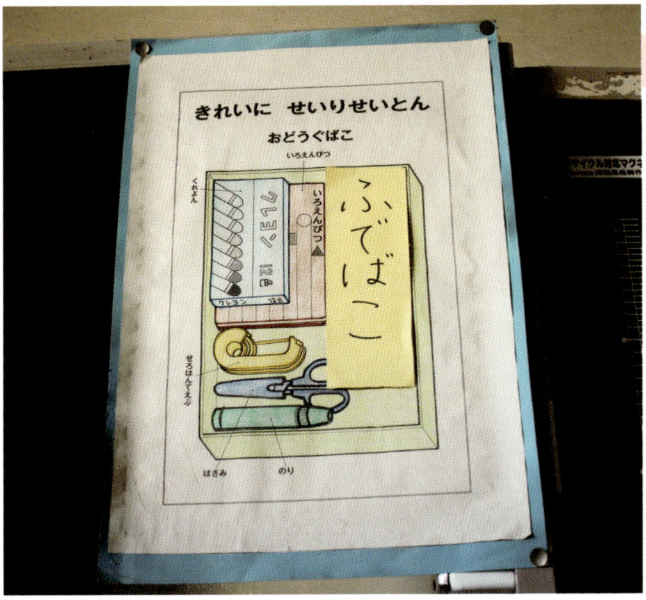

対象学年 1年 **掲示場所** 黒板横

机に置いて帰るお道具箱の状態をイラストで表し、黒板横に掲示。毎日持ち帰るふでばこだけ取り外し・移動ができるようにつくる。帰りの会で、掲示のふでばこを外側に移動させながら、「ふでばこを持って帰ろう」などと声をかけて指導する。朝、登校したらふでばこをまた、お道具箱の中に貼り付ける。

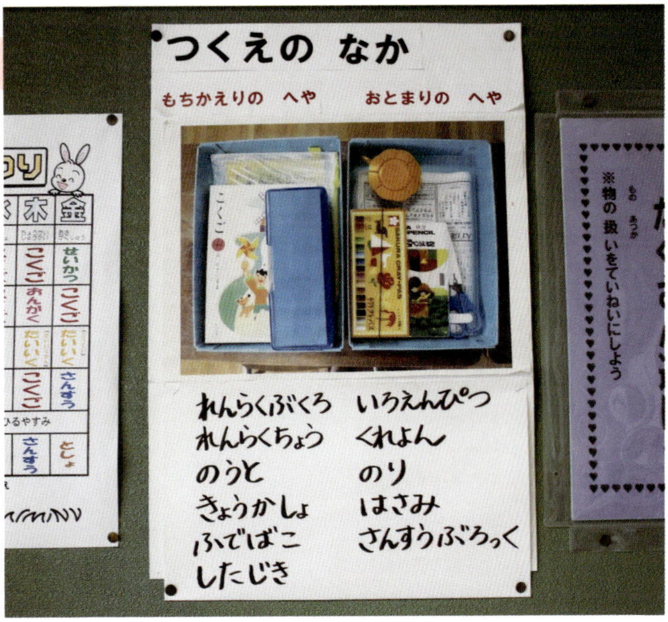

対象学年 1年 **掲示場所** 前面

正しいお道具箱の状態の写真を掲示。「もちかえりのへや」にはふでばこや連絡帳などを、「おとまりのへや」にはクレヨンや算数ブロックなどを分けて収納。写真はなるべく大きく見せて、まねしやすくする。帰りは「もちかえりのへや」は空にするルールを説明しておく。

アレンジアイデア マジックテープを使って

クレヨンやハサミなどの各道具にマジックテープをつけ、子どもたち自身で自由に取り外しができるようにしても。「のりの正しい場所はどこかな?」などと声をかけながら、楽しくお道具箱の整理を学べます。慣れるまでは帰りの会で毎日確認し、新しい道具が増えたときなど、折々に整理ができているかどうかをチェックすると良いでしょう。

正しい手洗い・うがいを実践し習慣化できる

手洗い・うがいの掲示

対象学年
1〜6年

KEY POINT 感染を防ぐ手洗いの重要さを伝えた上で、掲示場所を工夫する

インフルエンザや風邪など、学校生活には集団感染の危険が潜みます。おろそかになりがちな手洗い・うがいの重要性を自覚させ、「正しく・忘れず」行えるように、わかりやすいイラストや写真を使い、必要なタイミングで行動に結びつけます。

対象学年 1〜3年
掲示場所 教室ドア

教室ドアの、ちょうど手をかける場所に掲示すると効果的。イラストとシンプルなメッセージに絞ることで、「教室に入る前には手洗い、うがい」の習慣を強く印象づける。忘れていても、掲示を見て「手洗いに行かなくちゃ」という気持ちにさせやすい。

対象学年 1〜6年　掲示場所 手洗い場

手洗い場に「正しい手の洗い方」のプロセス写真を掲示し、見本を見ながら実践できるように指導する。特に秋〜冬は、正しい手洗い・うがいが高い効果を生むことも、合わせて指導したい。

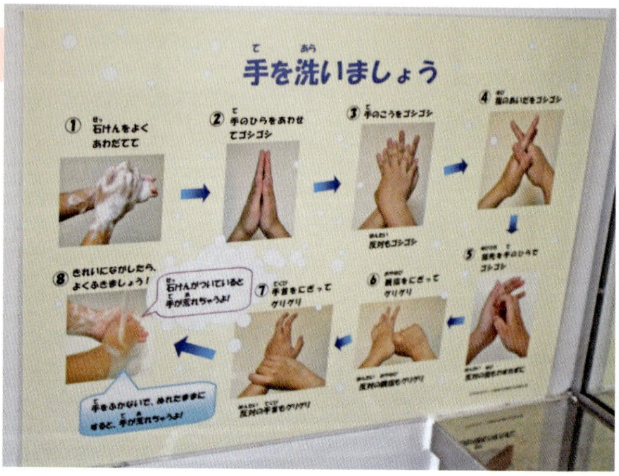

ここがポイント

習慣化を意識して

手洗い・うがいは習慣化することが大切。低学年のうちから正しい手洗いの仕方を掲示することで意識づけましょう。

マナーを守り、事故を防げる

廊下の歩行の掲示

対象学年
1〜6年

KEY POINT 危険な行為や困った行為を具体的かつシンプルに表示する

子どもは自分の周囲の状況にまで目が行き届かず、多くの人数が行き交う廊下ではトラブルが起こりやすいもの。「走る・ふざける・さわぐ・通り道をふさぐ」など具体的な事例を目に見えるようにすると、子どもは納得・共感して、マナーを受け入れやすくなります。

対象学年 1〜6年
掲示場所 校内掲示板

廊下でのおしゃべりが周囲の迷惑になることは、子どもは気づきにくい。委員など、子ども同士の目線から生まれたマナーポスターは、制作側にもそれを見る子どもにも、マナーへの意識が高まりやすい。

対象学年 1〜6年
掲示場所 校内掲示板

注意喚起の言葉と、よそ見をしながら走ってぶつかりそうな子どもたちのイラストで、低学年にも事故の危険を想像させる。曲がり角などに貼り、ポスターを見せながら注意を促すと、記憶に残りやすい。

ここがポイント 危険箇所に掲示する

廊下の曲がり角や階段の降り口など、ぶつかりやすい場所や人がたまりやすい場所に掲示を。1年生の「学校探検」などの際に現場で説明すると効果的です。

伝え合う力を高める

話し方・聞き方の掲示

対象学年
1〜6年

KEY POINT 覚えやすい標語で話型や態度を定着させる

発表や話し合いでの意見交換にかかせない話し方・聞き方の掲示。話型の掲示で、話し方・聞き方のポイントをくり返し意識させ、練習させましょう。掲示で標語を示すことで、話すのが苦手な子どもの頭の中を整理する手助けにもなります。

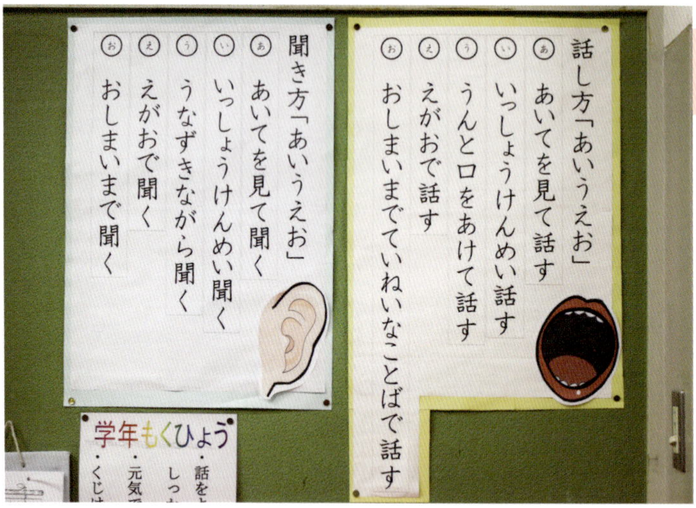
話し方「あいうえお」
あ あいてを見て話す
い いっしょうけんめい話す
う うんと口をあけて話す
え えがおで話す
お おしまいまでていねいなことばで話す
聞き方「あいうえお」
あ あいてを見て聞く
い いっしょうけんめい聞く
う うなずきながら聞く
え えがおで聞く
お おしまいまで聞く
学年もくひょう

対象学年 1〜3年
掲示場所 黒板横

目立つイラストで話し方と聞き方を明瞭に分けた話し方・聞き方「あいうえお」。標語はすべて「○○で話す」「○○で聞く」で終わるように制作する。絵本のような言葉のリフレインが、低学年にはなじみやすい。

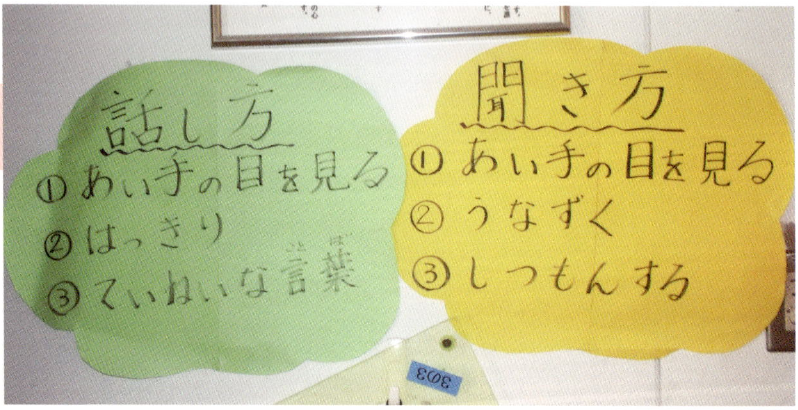
話し方
①あい手の目を見る
②はっきり
③ていねいな言《こと》葉《ば》
聞き方
①あい手の目を見る
②うなずく
③しつもんする
303

対象学年 1〜3年
掲示場所 黒板横

「話し方」「聞き方」の約束ごとを3点に絞り込んで掲示。簡潔な言葉と色模造紙による色分けは、低学年にもひと目で理解できる。指導の際も「黄色い聞き方の紙を見ましょう」と促しやすい。

ここがポイント

子どもの目線に合わせて

「話し方」を教室背面、「聞き方」を教室前面に掲示すると、自然に発表時の子どもの目に入り、意識しやすくなります。

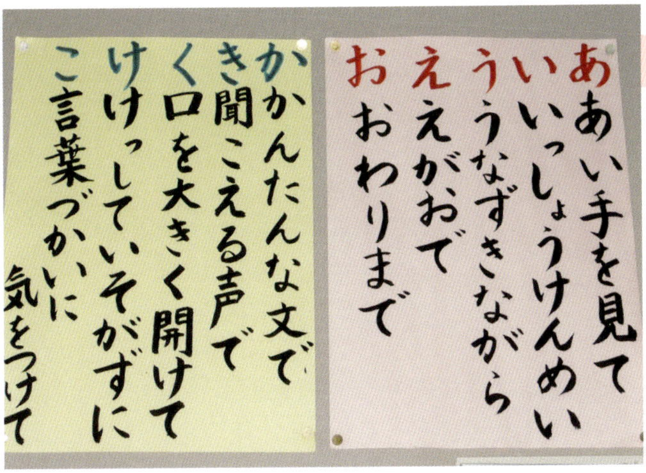
あい手を見て
いっしょうけんめい
うなずきながら
えがおで
おわりまで
かんたんな文で
聞こえる声で
口を大きく開けて
けっしていそがずに
言葉づかいに気をつけて

対象学年 3年　掲示場所 黒板横

中学年向けの「聞き上手　話し上手」と名付けた掲示。「あいうえお」でまとめた標語は低学年と同じ印象を受けがちだが、「○○上手」とランクアップしたイメージをもたせて、意欲を引き出す。

「話を聞く」ときのヒント
ふうーん。そうだ。そうだ。いいかんがえだ。おなじだ。
なるほど。おや。いいのかな。
でも どうして なのかな。もし・・・だとしたら
そうすると そこが はっきり しないな。
そうなら ・・という ことかな。

対象学年 4年　掲示場所 黒板横

意見交換をより発展させる聞き方・掘り下げ方の話型で、子どもの発言の手助けをする掲示。具体的な話し言葉を吹き出しに入れ、受け入れやすく工夫する。セリフは子どもからの提案を取り入れると効果的。

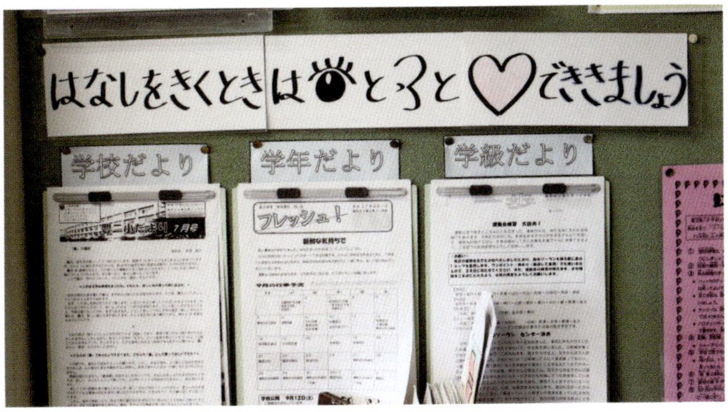
はなしをきくときは と と できましょう
学校だより
学年だより
学級だより
フレッシュ!

対象学年 3～4年　掲示場所 黒板横

「聴く」という漢字には「耳・目・心」が入っていることを解説し、イラストつきのキャッチフレーズをつくる。先生や友達の話を「耳だけで聞いていないか」「心が入っていたか」など、省みるきっかけに。

現場からのアドバイス

朝の会、帰りの会、発表の前などに掲示の標語を全員で復唱すると、身につきやすくなります。

場面や目的に合った声の出し方がわかる

声のものさし

対象学年
1〜3年

KEY POINT 声の大きさを視覚化し、感覚を共有する

1対1から大きな集団まで、子どもはさまざまな人数に向かって声を出す場面があります。「声のものさし」は、自分の声の大きさを自覚しにくい子どもたちに、状況にふさわしい声の大きさを、理解しやすいイラストで伝えます。

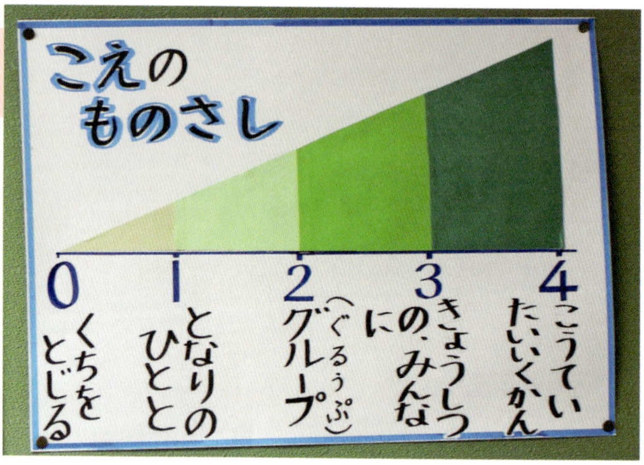

対象学年 1〜3年
掲示場所 黒板横

発言の場とそれにふさわしい声の大きさを、4段階に分けて色で表現。目に見えない「声の大きさ」をイメージさせる。実際に声を出させ、自分の声の大きさと掲示内容を一致させるのがポイント。

対象学年 1〜3年　掲示場所 黒板横

「声のものさし」を、子どもたちが好きな動物の体の大きさで表現。「今のは3のライオンの声だね。隣の人には2の犬の声で話そう」と掲示を活用した指導なら、子どもも共感しやすい。

現場からのアドバイス

声の大きさの調節は中学年あたりまで指導が必要なものです。学年に合わせた掲示にしましょう。

活発な話し合いに役立つ

ハンドサインの掲示

対象学年
1～6年

KEY POINT 手の上げ方で意見表明する方法を、いつでも活用できるよう掲示する

積極的に口を開くのは苦手な子どもでも、ハンドサインなら自分の意見を表明しやすくなります。いつでも見えるところに掲示して、使う機会を増やしましょう。司会の子どもが指名の順番をうまく考えられるよう、教師がアドバイスします。

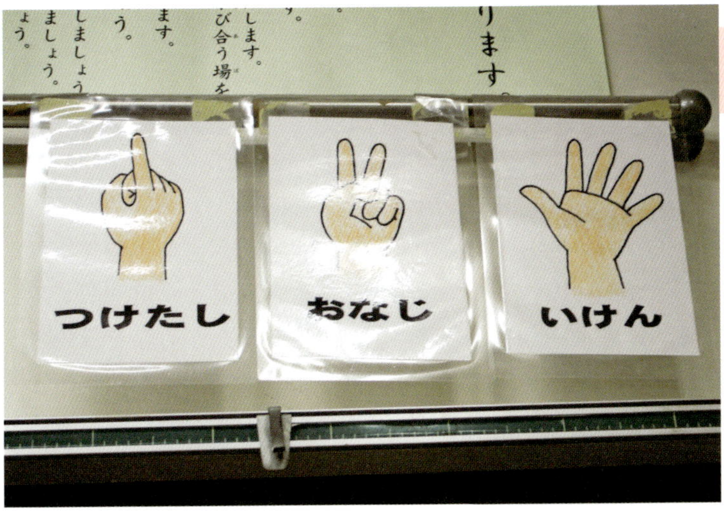

対象学年 1～6年
掲示場所 黒板横

チョキは同じ意見（1＋1＝2の意味）、1の指は付け足したいとき、パーは意見があるときと、サインを絞り込んだ掲示。自分の考えをまとめてから手を上げるため、「意識的に話す・聞く」という姿勢が身につく。

対象学年 1～6年　掲示場所 黒板横

子ども同士で話し合いを深めるために、自分の意思表示を伝えるハンドサイン。サインだけでなく、「質問です」「付け足しです」など、声を出して手を上げる使い方も試してみよう。

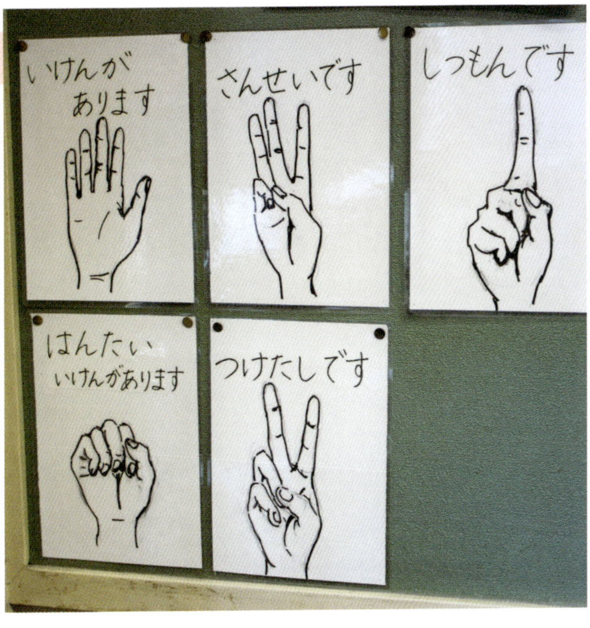

ここがポイント

意見の交通整理を

ハンドサインを使うと、司会の子どもは意見の整理をしやすくなります。小さなテーマから話し合いの練習をさせましょう。

わかりやすく言葉を伝え、話す力を育む

発表の仕方の掲示

対象学年

1〜6年

KEY POINT 情報伝達に欠かせない要素と話型を、掲示で明確に示す

相手に伝わりやすい話し方、もれのない情報伝達の方法は、経験をくり返すことでしか学べません。掲示を見せながら話させ、押さえるべきポイントを指摘し、自分の話と掲示の言葉を結びつけられるように指導しましょう。

対象学年 1年
掲示場所 側面

情報伝達の5つのポイントを、目立つように大きな赤い字で掲示する。最初のうちは、子どもが話をしているときに、教師が「いつ？」「どこで？」などと掲示を示しながら質問することで、常に5つのポイントを意識した話し方ができるように誘導する。

対象学年 1〜6年　掲示場所 黒板の上

国語の「話す・聞く」の単元で学習したことをまとめ、日常の発表の場で活用できるように掲示する。ひとつの教科の学習が他の面にも広がり、積み重なっていくことを意識させる。

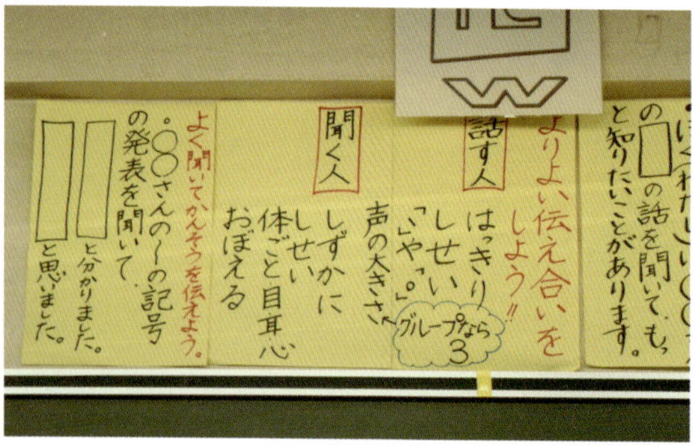

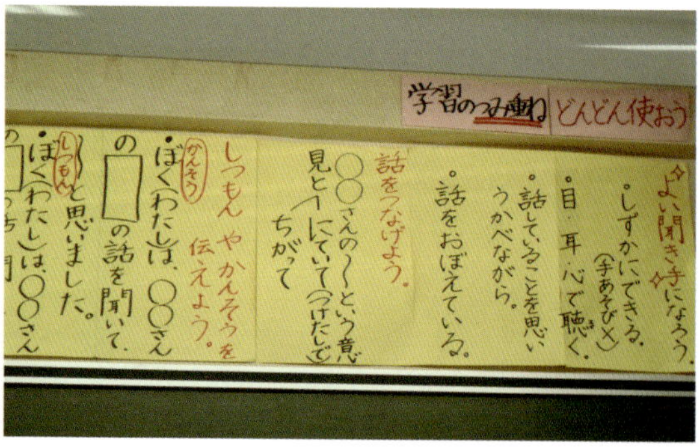

対象学年 2年　掲示場所 黒板の上

「発表の約束」と題し、意見・質問・説明のそれぞれの話型を書き表して掲示する。発表する際の手がかりとして、離れた位置からでも読みやすいように、大きな字で書くのがポイント。

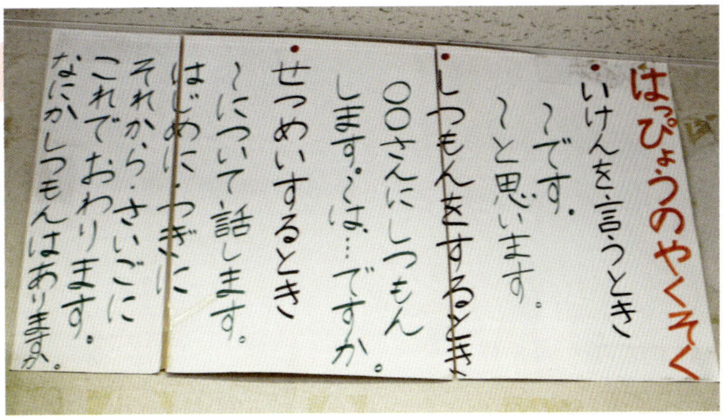

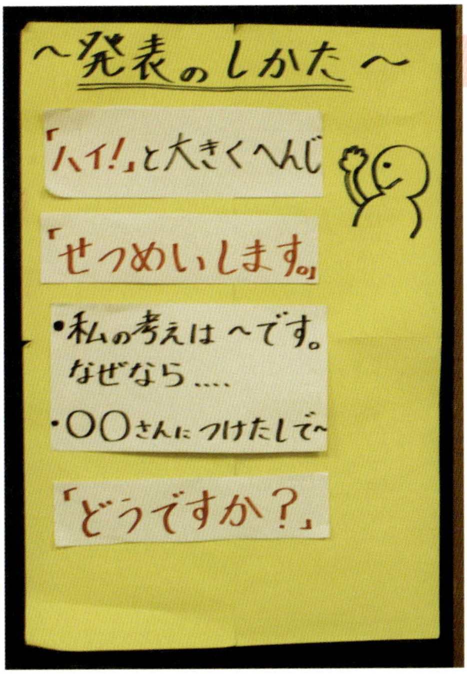

対象学年 3年　掲示場所 前面上部

くっきりと目立つ色の台紙で、「発表の仕方」をまとめた掲示。意見のポイントとなる「なぜなら」を落とさず発言できるように、言うべき言葉をブロック分けして書き表している。

アレンジアイテア

意見の考え方のヒントを添えて

「話の大事な部分を考えよう」、「自分の考えと似ているところや違うところを探そう」など、自分の意見を考えて発表するための考え方のヒントを添えても良いでしょう。

対象学年 3年
掲示場所 前面上部

「話し方」と「発表の仕方」について、話型と姿勢を1枚の紙に端的にまとめ、「発表名人になろう」と呼びかける。大きな字、色使い、元気な子どものイラストなどで、発表の意欲を盛り上げる。

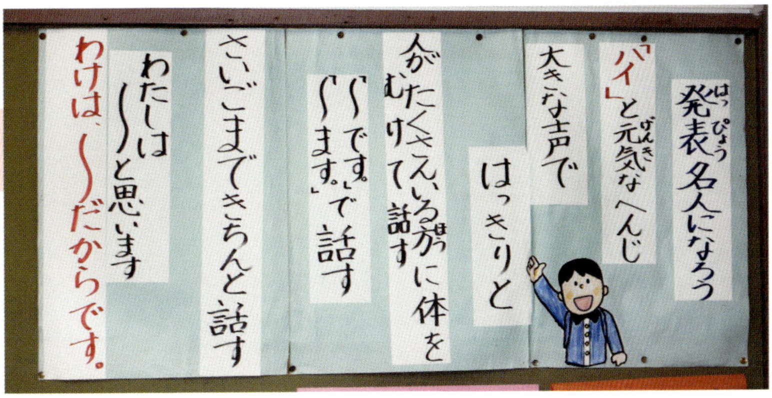

ここがポイント

大きな字で書く

子どもにとって発表は緊張するものです。大きな字やはっきりした色使いで、注意点を読み取りやすく表しましょう。

学級会がまとまり、振り返りができる

学級会の掲示

対象学年
1〜6年

KEY POINT 子ども自身が書いた学級会の記録を掲示し、意欲を引き出す

学級会の運営から記録づくりまで、子どもが主役となれるように、掲示の内容、掲示の仕方を工夫しましょう。過去の記録を振り返れるように掲示しておくことも大切。掲示を見ながら、学級会での子どもたちのふるまいや成果をほめる言葉をかけましょう。

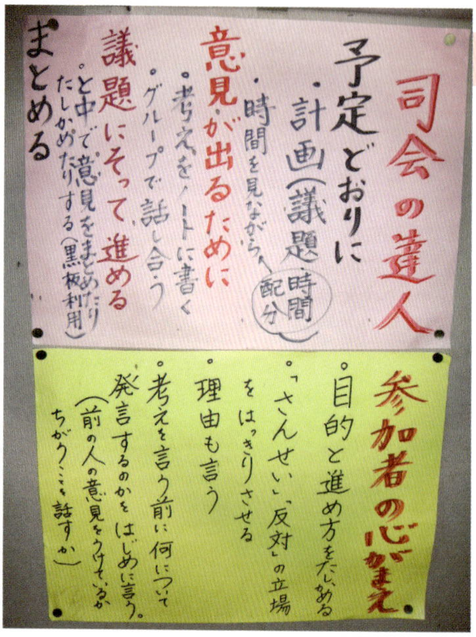

対象学年 4年　掲示場所 黒板横

学級会など子どもが主導する話し合いの前に、司会者・参加者それぞれに心がまえを確認させるのに活用する。国語の授業で「より良い話し合いをしよう」というテーマを学んだときの資料をそのまま掲示として使い、学んだことを別の機会で生かすことで、学習内容を振り返りながら、「学習は積み重ねるもの」という意識も育てている。

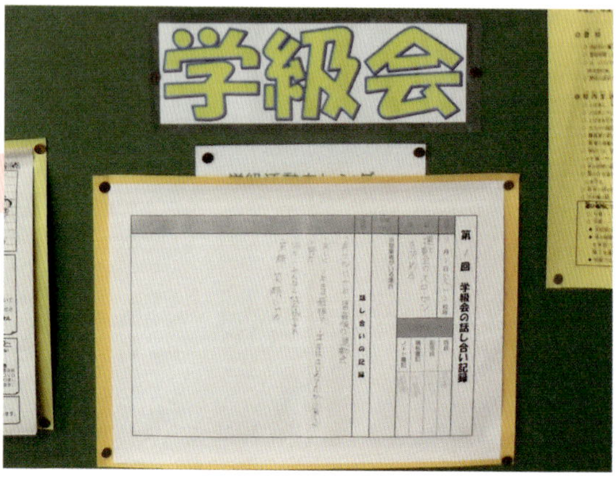

対象学年 6年　掲示場所 黒板横

書記係の子どもが書いた学級会の記録を、毎回定位置に掲示する。学級会で使うさまざまなグッズ入れの中に、あらかじめ印刷しておいた用紙を入れておき、子どもが取りかかりやすいように準備する。

ここがポイント

高さに注意を

子どもが自分で掲示するものは、手が届く高さを定位置にします。貼りやすいこと、また前回のものをめくって見やすいことが、掲示に親しみやすくする条件です。

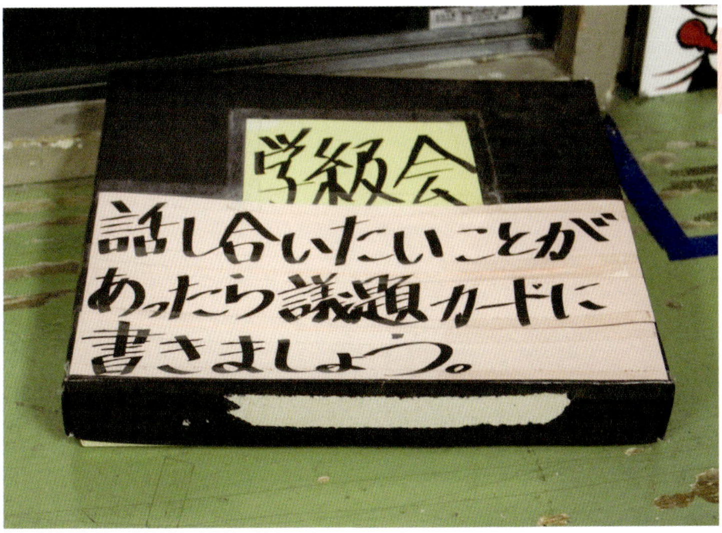

対象学年 4年
掲示場所 ロッカー上

学級会に自由に提案できるように「議題箱」を設ける。あらかじめつくっておいた「議題カード」に、学級会で取り上げてもらいたいテーマや理由などを記入して投函、採用されると、学級会への関心や意欲が高まる。

対象学年 2年
掲示場所 廊下

学級会で取り上げた議題を1枚ずつ短冊に書き、他の学級にも知らせるように廊下に掲示する。学級会の日付を記入し、順番に並べていくことで、過去にどんな議題を取り上げていたか、ひと目でわかる記録が残せる。

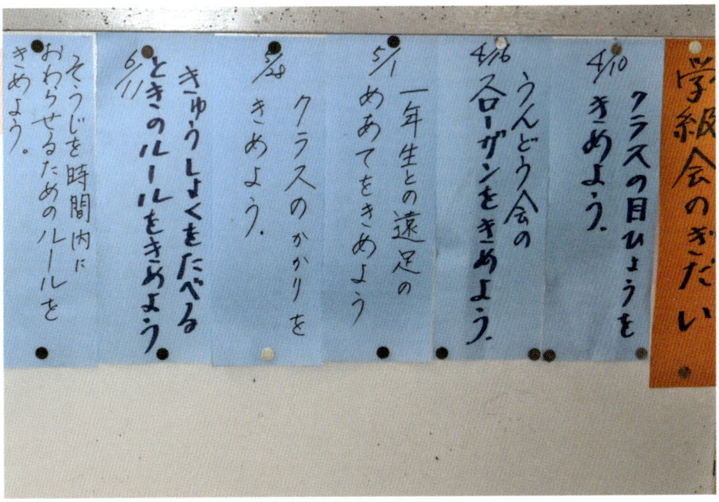

ここがポイント

学級会で決めたことを掲示する

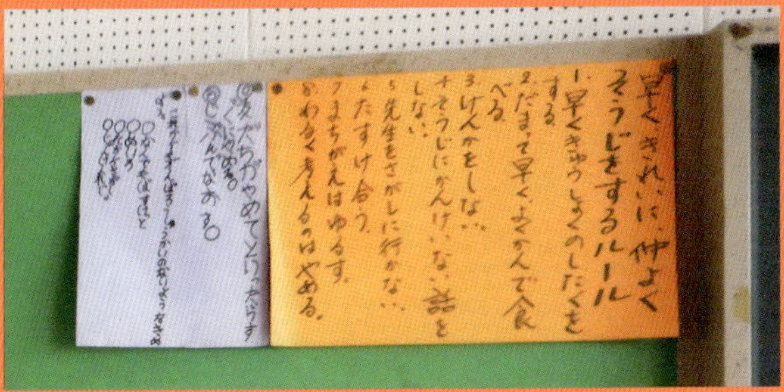

学級会で決めたこと（掃除の際の決まりごと、遊びのルールなど）を、子どもたちが手書きして、掲示します。決まった位置に掲示することで、いつでも確かめることができます。掲示する内容は必要に応じて入れ替えていきます。

現場からのアドバイス

高学年になると学級会の内容は盛り沢山になります。「学級会ノート」での記録に切りかえ、ロッカー上などに置くか、ヒモで吊り下げます。

いつも良い姿勢をキープできる

正しい姿勢の掲示

対象学年
1年～6年

KEY POINT 正しい姿勢を目で見て理解できるように、掲示で意識づけする

子どもにとって正しい姿勢を維持するのは、慣れるまでは難しいこと。良い姿勢の見本を大きく掲示し、体に染み込むように折にふれて注意を促しましょう。シンプルで、ひと目でわかる写真やイラストがおすすめです。

対象学年 1年　掲示場所 前面

姿勢と筆記具の持ち方をわかりやすい写真で伝える。視線が集まりやすい位置に目立つように掲示する。言葉で細かく指導するよりも、「はい、良い姿勢」と写真を指すだけで、真似して姿勢を正せるようになる。

対象学年 5年
掲示場所 前面上部

正しい姿勢で座るときのポイントを「ぐう（座る位置）」、「ぺったん（足の裏を床につける）」、「ぴん（背筋を伸ばす）」という合言葉にまとめて、大きなイラストで掲示。指導のときも合言葉を使って、意識づけする。

ここがポイント

授業前に確認を

授業がはじまる前に、掲示を示しながら「良い姿勢」を取る習慣をつけると、休み時間との切り替えができて、学習に入りやすくなります。

早期に覚えて定着できる

えんぴつの持ち方の掲示

対象学年
1年

KEY POINT 手元がはっきり見える大きな掲示で、持ち方を覚えさせる

えんぴつの正しい持ち方は、1年生にとって最初の難関です。大きなイラストでわかりやすく掲示する事がポイント。最初から正しく持てなくても、あきらめずに粘り強く練習できるよう、くり返し指導しましょう。

対象学年 1年　掲示場所 側面

解説つきのイラストを大きく拡大し、教室のどこからでも見えるように目立たせて掲示する。間違った持ち方も掲載することで、子どもが自分の持ち方を自覚しやすくなり、声かけのポイントを絞りやすい。

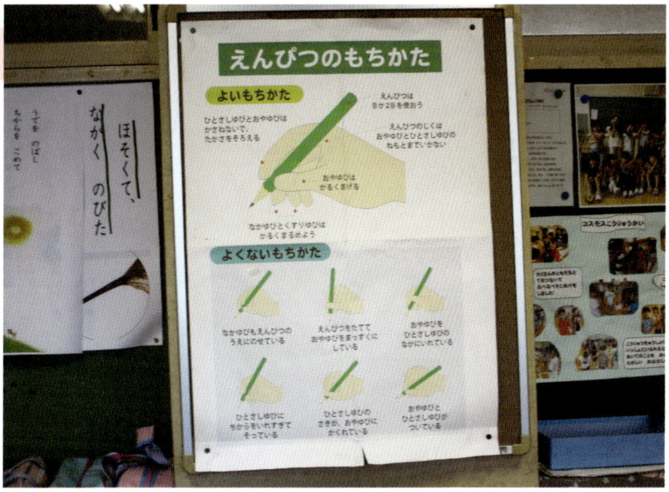

対象学年 1年　掲示場所 前面上部

時計の隣など、子どもの視線に必ず入る位置に正しい持ち方のイラストを掲示する。授業中にえんぴつを使う際は、「絵と同じ持ち方かな？」「指に力が入りすぎてないかな？」など声をかけて注意を促す。

現場からのアドバイス

えんぴつの持ち方は時間が経つほど直すのが難しいので、1年生の早い時期に継続的に指導しましょう。

掲示を貼るだけで教室が静かに! 「シータイム」の掲示

教師が大声で注意しなくても、子どもたちのおしゃべりがストップ!
1枚のカードのインパクトは絶大です。

セリフとポーズつきで

給食終了10分前に係がカードを黒板に貼り出すと、子どもたちは「シータイムだ」と食べることに集中します。

カニのイラストを使って

ユーモアたっぷりの「しずカニ」カード。給食時のほか、授業中や作業に集中してほしいときにも活用できます。

時間を区切って

「10分間」と時間を区切って集中させる掲示。短時間で集中して取り組む課題などがあるときにも重宝します。

第3章

係・当番・班活動に役立つ掲示

子どもがグループになって活動する係や当番の掲示では、
一人一人の役割や活動のルールを
はっきりと示すようにしましょう。
活動がスムーズに行えるためのヒントを与えたり、
パッと見てわかるように工夫したりすることが求められます。

協力・団結して仕事ができる

係活動のポスター

対象学年 1～6年

KEY POINT 各係の個性を楽しく表現した掲示で、活動への意欲を高める

学期はじめに決める係活動の内容把握と仲間意識を高めるために、子どもたちで協力しながら係のポスターをつくります。台紙から飛び出す絵や文字、コラージュなど、さまざまなアイデアを盛り込んだ楽しいポスターで、意欲や誇りをもたせます。

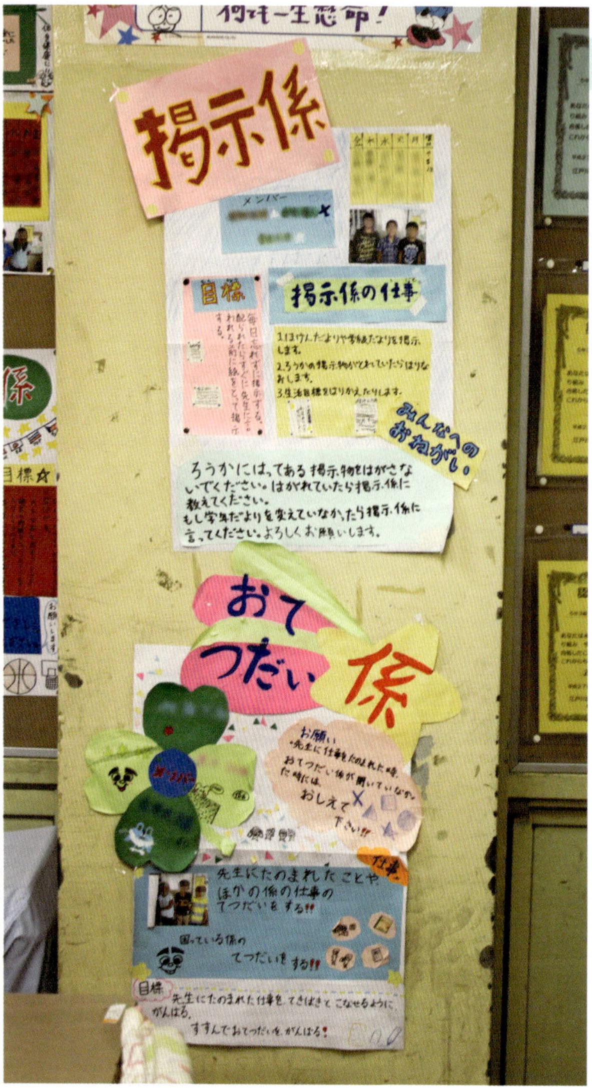

対象学年 5年　掲示場所 側面、背面

ただ模造紙に描くだけでなく、色画用紙で文字や模様を切り抜く、立体感を出す、台紙からはみ出すなど、さまざまなアイデアを駆使。楽しみながら協力してつくらせることで、係のメンバー同士が仲良くなり、意欲も上がる。

対象学年 1～6年　掲示場所 側面

子どもたちでアイデアを出し合い、紙の形や書き方の形式は自由につくらせることで、バラエティに富んだ華やかな掲示スペースにする。自分たちの係表に愛着をもつことにより、係の団結力が生まれる。

対象学年 1〜6年
掲示場所 側面

低学年にもわかりやすいポケットつきの掲示。色画用紙に係名を記したポケットをつくり、子どもの名前を書いた名札を担当する係のポケットに入れる。名札に顔写真を貼るといっそうわかりやすく、責任感も生まれる。

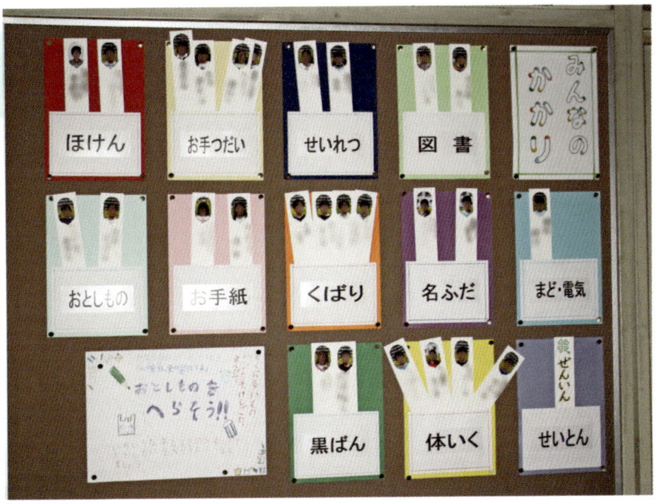

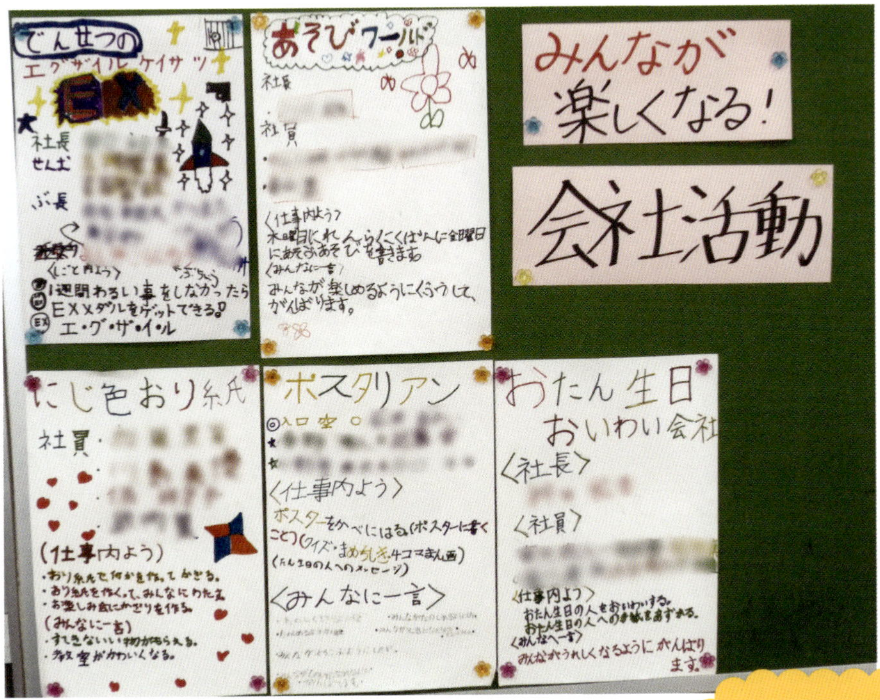

対象学年 1〜6年　掲示場所 側面

「みんなが楽しくなる会社活動」のコーナーをつくり、子どもたちが自分の会社を自由にアピール。何のために何をする会社か、活動内容や社名などのオリジナリティを尊重し、活気ある活動を想起させる掲示。

ここがポイント

活動の見直しや評価をする

学期ごとに会社の活動内容を見直す機会を設け、各会社の働きを評価し合うと、活動がさらに進歩発展します。

現場からのアドバイス

クラスのために自主的に行う「会社活動」。ポスターづくりも、創意工夫を盛り込んだ作品として楽しみましょう。

もっと楽しく活発にできる

係活動の発表

対象学年
1〜6年

KEY POINT 子どもたちが自由な発想で係活動を発表できるよう見守る

学校生活を円滑にするため、クラスのためにさまざまな試みを行う係活動。どちらも子どもたちに活動発表の場を与えると、いきいきとはりきります。スペースを決め、楽しい掲示物がつくれるように助言やほめ言葉を与え見守りましょう。

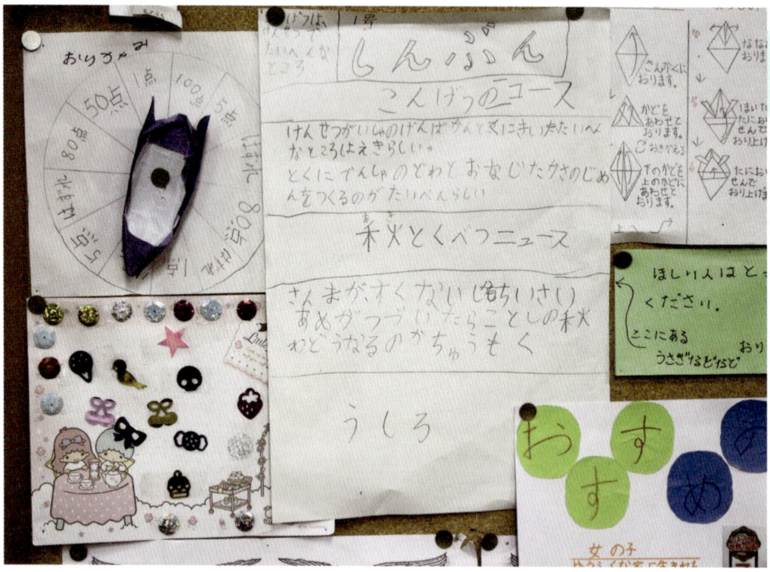

対象学年 3〜4年
掲示場所 側面

子どもが活発に掲示活動ができる位置を選んで、係活動の掲示スペースを設ける。「新聞会社」「お楽しみ会社」など、さまざまな活動のお知らせや報告が行われるごとに、クラスで紹介したりほめたりして、さらに意欲を高める。

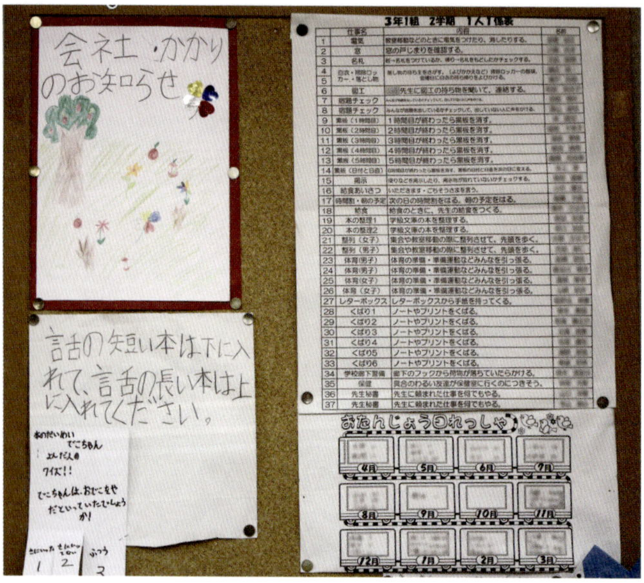

現場からのアドバイス

子どもたちは掲示スペースに貼るのが楽しくて、積極的に活動内容を考え、発表するようになります。

対象学年 3年
掲示場所 背面黒板

背面黒板の下半分を係活動の連絡スペースにして活用する。チョークの線やビニールテープで黒板の上下を区切って、各係がお知らせ、募集、お願いなどを書き込む。係活動のポスターなどを貼るだけでも良いが、子どもはチョークで字を書くことが好きなため、子どもだけで自由に黒板を使用することを認めると、活動がより活発化する。

ここがポイント

字の大きさも指導

背面黒板に記入する際、「みんなが読める大きさの字」で書くように指導が必要です。特に、大事な連絡については、わかりやすく目立つように書くことを意識させるなど、実践的な指導を心がけて。

現場からのアドバイス

「黒板の告知は○日間で消す」というルールをつくりましょう。古い内容がいつまでも掲示されるのを防ぎます。

対象学年 3年
掲示場所 ロッカーの上

おもちゃ会社の手づくりけん玉、折り紙会社の折り紙作品ボックスなど、クラスの仲間のために子どもたちがつくった〈手づくりおもちゃのコーナー〉。活動発表の場が、子どもたちの楽しい交流の場にもなる。

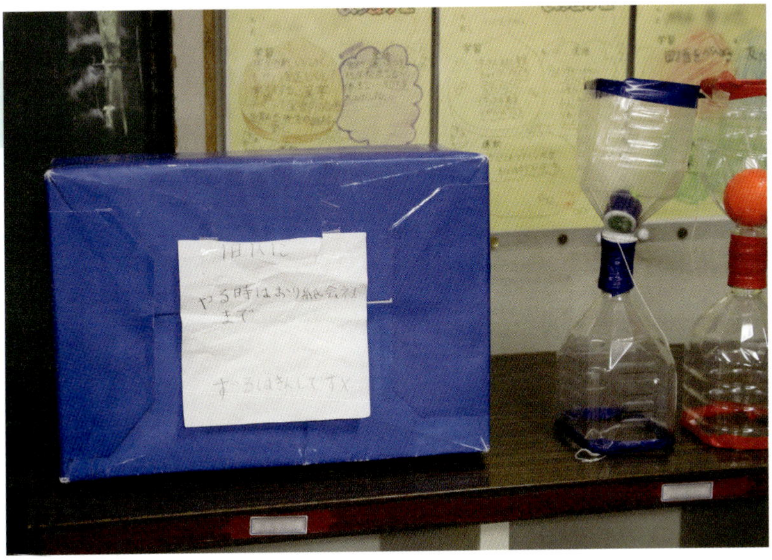

クラス全員が役割意識を持てる

一人一役当番表

対象学年

1〜6年

KEY POINT クラス全員の力で学校生活が成り立つことを印象づける

クラスの仕事を細かく分け、「いつ」「なにを」「だれが」行うかを明確に示した掲示です。同時に、仕事の完了を表す工夫を加えると、クラスのために自分が役に立てた充実感や、ほかの人のおかげで気持ちよく過ごせる感謝の気持ちを実感できるでしょう。

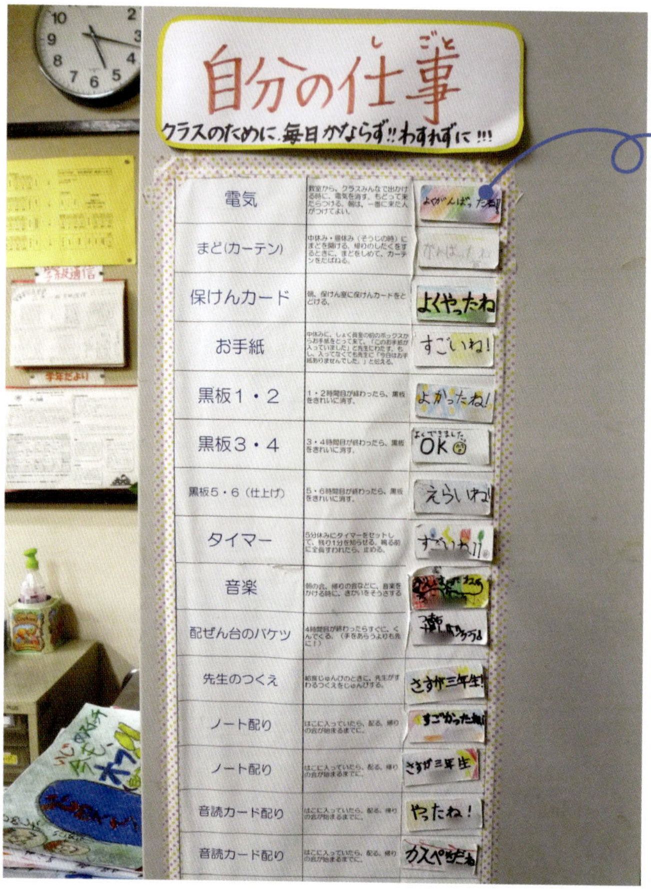

対象学年 3年 掲示場所 側面

毎日行う各自の仕事内容をわかりやすく掲示する。さらに、自分への「ほめ言葉カード」をつくらせ、自分の仕事が終わったら「ほめ言葉カード」を左へ移動すると、完了したことが誰にでもひと目でわかる。

つくり方

台紙の表面に仕事が完了したときのほめ言葉を考えさせて書かせる。カードはイラストや色付けなどで明るい雰囲気に仕上げ、裏面にはマグネットを貼り、貼り付け・移動が可能にする。

現場からのアドバイス

掲示することによって、「○○を頑張ってるね」「ありがとう」など、子どもを認め、ほめる言葉をかける機会が増えます。

対象学年 1～6年　**掲示場所** 側面

学期ごとに決めた「一人一当番」を、大きく見やすい表にして掲示する。表が傷むと仕事の意欲をそぐため、ラミネートを施してきれいな状態を維持する。子ども同士で表を確認し、声をかけ合いながら仕事ができる。

ここがポイント

必ず一人一役に

当番は子どもたち自身に決めさせます。もしも希望が重なったらジャンケンで決め、必ず一人一役にするのが鉄則です。

対象学年 3年
掲示場所 背面黒板

自分の仕事を終えたら、名前を記したマグネットを「お仕事終わり」のスペースに移動させる、「一人一役当番チェック」の掲示。仕事完了が明瞭に見えるため、子どもが自分の役割を忘れなくなる。

つくり方

大きめのマグネットに子どもの名前を書く。黒板にビニールテープを貼って、長方形のスペースを2つに分ける。一方に「これからお仕事!!」、もう一方に「お仕事おわり!!」のプレートを貼り付ける。

ここがポイント

帰りの会で確認を

帰りの会などで、「今日もみんなお仕事が終わりました」と確認する時間を設けると、仕事を果たした満足感をもって一日を終える習慣がつきます。

スムーズに準備ができる

給食当番表

対象学年
1〜6年

KEY POINT 誰が、どの仕事を担当するか、明確に示す掲示にする

給食当番の仕事は種類が多く、担当の子どもが混乱してしまうこともあります。効率よく仕事を進行できるように、まず〈給食当番がやること〉をリストアップし、子どもたちにわかりやすいように仕事を割り振って、イラストや色分けで表現しましょう。

対象学年 2年　掲示場所 背面黒板

マグネットを使い、「おかず」「汁物」などのイラストを描いた仕事のカードと、子どものネームカードをつくって、担当ごとに組み合わせる。イラスト主体なので、低学年にもわかりやすい。

ここがポイント

マグネットをフル活用

パンやご飯など、その日の給食に合わせてメニューのカードを変えると、いっそうわかりやすくなります。マグネットなら自由に組み合わせが変えられて便利です。

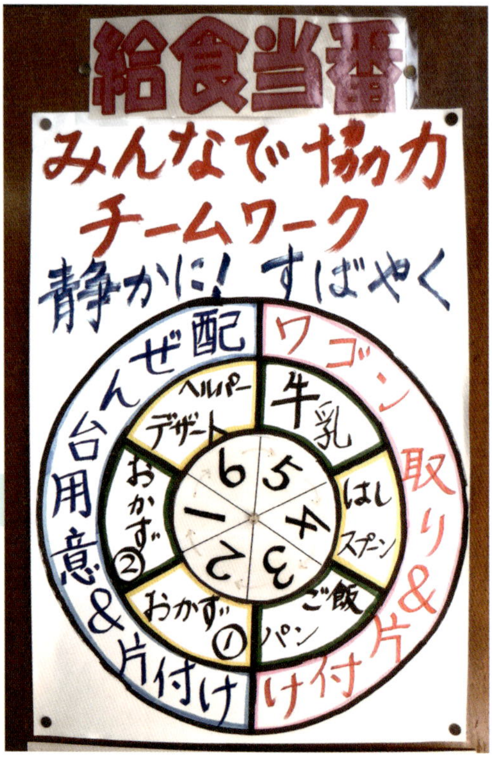

対象学年 6年　掲示場所 給食ロッカー

仕事の分担を明確に分けた給食当番表。各班6名で構成し、各自番号を決めておく。給食当番になったら毎日中心の円をひとつずつ移動させて役割を交替する。メニューにより、臨機応変に役割を増減する。

対象学年 2年　掲示場所 給食ロッカー

低学年のため、いちご、にんじん、さくらんぼと果物の名前でグループ分けする。仕事表のほかに、当番のメンバー表もつくり、白衣番号を左側に明記する。子どもが自分の番号の仕事を確認できるので、自主的に取り組める。

ここがポイント

班名は学年にふさわしく

低学年は文字よりイラストで判断するため、食べ物や動物など子どもに親しまれる班名にするのがポイント。子どもたちに決めさせても良いでしょう。

現場からのアドバイス

子どもの白衣番号を決めておくと、週末洗濯に持ち帰るときに声をかけやすくなります。

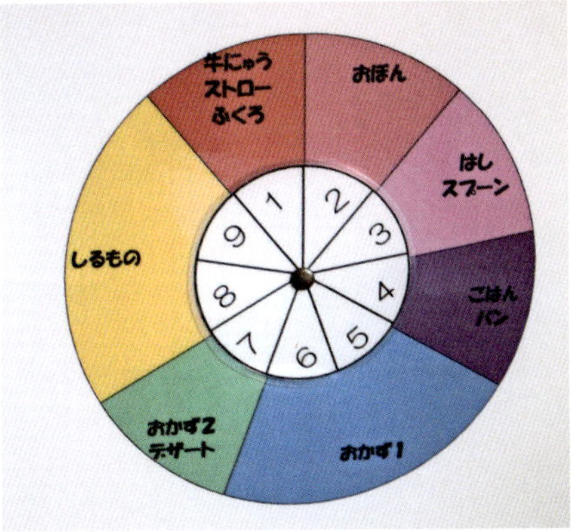

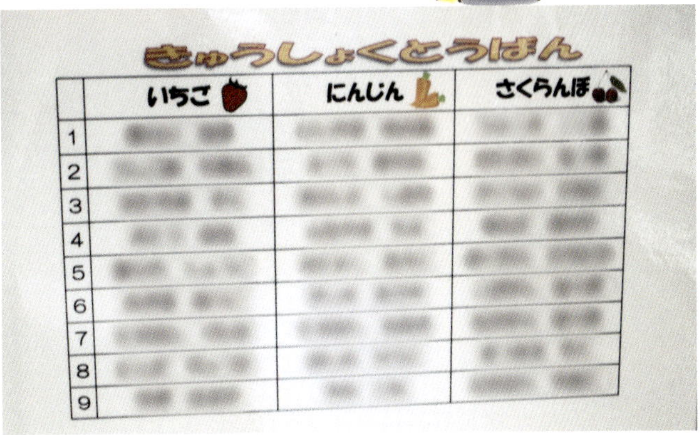

対象学年 1年
掲示場所 側面

1年生のため、給食と掃除の班は年間を通して同じ班員で。くまグループ、うさぎグループなど、親しみやすいイラストで表記し、班員は別に設けた「役割ルーレット」と自分の番号を照らし合わせて仕事をする。表を回すのは子どもの役割にする。

何をするのかがひと目でわかる

掃除当番表

対象学年

1～6年

KEY POINT 仕事内容を細かく分け、各担当者をわかりやすく表示する

掃除当番表は、「何をやっていいかわからない」という子どもがいないように、担当する仕事の内容をくわしく・わかりやすく書きましょう。自分の役目がはっきりわかれば、子どもたちは行動に移せます。

つくり方

❶クラスの人数で分割した円をつくり、子どもの名前を手書きしてラミネートする。
❷名前の円よりも大きく、掃除内容を記した表を作成する。
❸名前の円が回転するように中心を画びょうでとめる。

対象学年 1～6年　**掲示場所** 掃除ロッカー

掃除仕事のすべての内容を書いた大きな掲示に、ルーレット式の分担表を組み合わせる。これによって、誰が何を担当するか、ひと目で確認できる。字の大小や色わけで見やすく作成するのがポイント。

ここがポイント

仕事内容を明確に

すべての仕事を一目瞭然にすると、仕事をしない子どもや、自分のやることがわからない子どもが減ります。

現場からのアドバイス

クラスの人数が多いときは、表が細かくなりすぎないように2つに分けても良いでしょう。ひと目でわかることが大切です。

対象学年 3〜6年
掲示場所 背面

「黒板・ごみ箱」「ぞうきん」など、掃除の場所・内容を大まかに分けて解説、イラストを添えてわかりやすく掲示する。班の番号を記したマグネットを担当箇所に置き、今〈どの班〉が〈何を〉担当しているか示す。

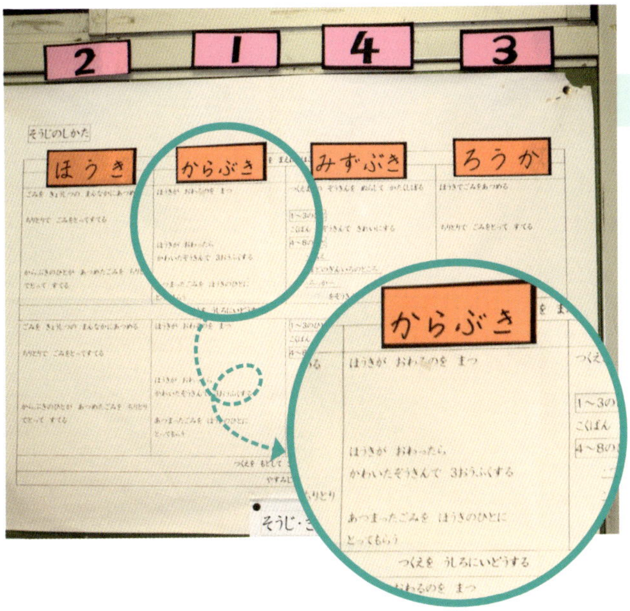

対象学年 1〜2年　掲示場所 側面

掃除を「ほうき」「からぶき」など班の数に合わせてジャンル分けし、具体的な掃除の流れを詳しく解説。班の番号札は週ごとに移動し、自分の班がやるべき内容を把握させる。視覚的なシンプルさが特長の掲示。

対象学年 1〜6年　掲示場所 側面

当番の仕事と担当するグループをシンプルにまとめた掲示。AからFまでのグループごとにそれぞれグループカラーを決めて、ルーレット式の表、メンバー表にその色を使用している。これで、パッと見ただけでどの当番かがわかりやすくなる。

ここがポイント

ほかの活動でも色分けを活用

この表の色分けをほかのグループ活動でも利用することで、より子どもたちの意識に定着します。

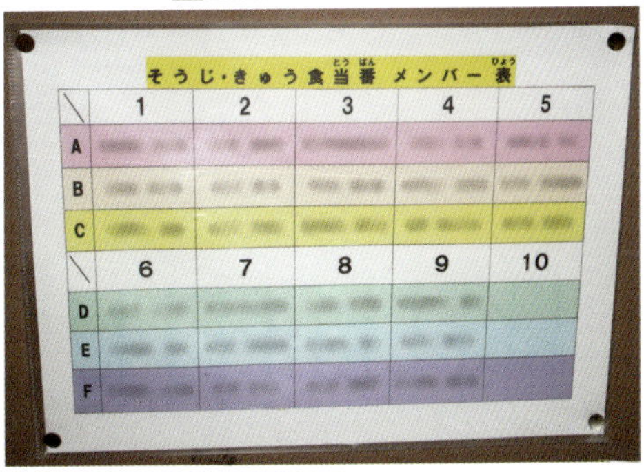

準備から片づけまでの流れがわかる

給食指導の掲示

対象学年
1〜6年

KEY POINT 1年生には当番活動のポイントを、上級生の写真で学ばせる

限られた時間内で身支度から片づけまでを行う給食当番は、低学年にはハードルが高いものです。上級生のやり方を写真で見せて、解説する機会を設けましょう。目で見えるお手本が身近にあると、自分たちの力で行いやすくなります。

対象学年 1年　掲示場所 給食ロッカー

上級生をモデルに、手洗い〜配膳までの流れを写真で紹介し、給食準備の流れを把握させる掲示。入学当初は、写真を1枚ずつ拡大し、紙芝居のように解説しながら見せると理解しやすくなる。

対象学年 1〜6年　掲示場所 給食ロッカー

白衣を着るときの決まりや衛生管理の注意点、食器類の片づけ方など、当番活動のチェックポイントをイラストや写真でコンパクトにまとめた掲示。クラスの全員が共通の認識をもつことで手早く片づく。

給食準備でマスク着用を義務づけている場合は、掲示にも反映しましょう

ここがポイント

必ず目に入る場所に掲示

給食当番が毎回使う、白衣を入れる給食ロッカーなど、必ず目に入る場所に掲示すると、内容が頭に入りやすくなります。

正しい掃除の仕方を覚えられる

掃除の指導の掲示

対象学年
1～6年

KEY POINT 掃除の流れをクラスみんなが把握し、効率よく動くことを目指す

掃除は毎日自分たちの教室で行うほか、他学年と協力したり、特別教室を担当したりと、さまざまなケースがあります。掃除の基本的な流れを効果的に伝える掲示で、スムーズな当番活動へ誘導しましょう。

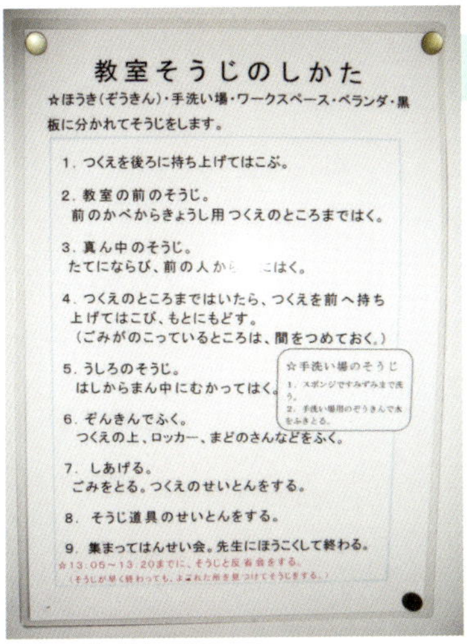

対象学年 1～6年 **掲示場所** 掃除ロッカー

机の動かし方など、教室掃除の手順を簡略にまとめ、ラミネートして掲示する。全学年の各教室に同じものを配置しておくと、1～6年の縦割り班で掃除活動をする場合でも、子どもたちがとまどわずに掃除できる。

ここがポイント

自主的な活動を後押しする

掃除の仕方や手順を流れに沿ってわかりやすく掲示し、子どもたちがそれを見て自分たちだけで行動できるように誘導しましょう。

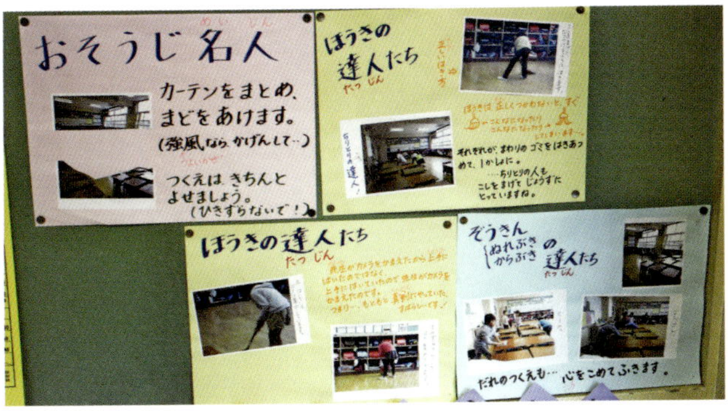

対象学年 1年 **掲示場所** 背面

「ほうきの達人たち」「ぞうきんの達人たち」などと題して、上級生が掃除している様子を写真に撮り、解説とともに作成した掲示。「達人」として紹介することで、下級生の掃除への意欲が高まる。

アレンジアイデア

道具の数と種類を明記

掃除用具を入れるロッカーには、道具の数や種類を記した掲示を。低学年にはホウキ、チリトリなどの写真やイラストを添えるとわかりやすいでしょう。

kyousitu ▶ 01_keijibutu 07_jikan_4c 07_jikan_1c

その日の時間割がひと目でわかる

時間割表

対象学年
1〜6年

KEY POINT 要素を絞り、見やすく、すっきり、頭に残りやすい掲示にする

最近は時数の関係もあり、一年を通じて固定した時間割を組めないことも多いものです。それだけに、学級で掲示する時間割はなるべくすっきりと、わかりやすいデザインに。学年が上がったら係の仕事となるように、マグネットやボードも活用しましょう。

対象学年 1〜6年 掲示場所 前面

教科ごとに台紙の縁取りの色を変え、色で教科を把握できるようにしたカラフルな時間割表。色のトーンを揃える、ほど良い空間をつくるなど、目になじみやすい工夫を凝らしている。

アレンジアイデア

子どもの手づくりでもOK

「こくご」「さんすう」などの教科のカードを子どもに手づくりさせても良いでしょう。教科名を手書きにすると、見た目にもあたたかみが出ます。

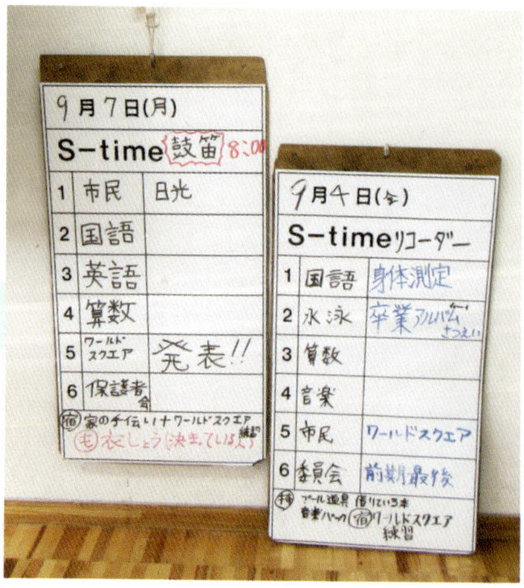

対象学年 6年 掲示場所 黒板横

教室背面に黒板がない場合、ホワイトボードを時間割として活用するのもひとつの方法。その日の時間割の教科名を書くのは連絡係の役割。各教科の係の子どもが持ち物や内容を確認し、時間割表に書き込んでいく。

対象学年 1年　**掲示場所** 前面

1年生のため、時間割には各教科で色分けした頭文字を記入し、文字がまだよく把握できない時期でもわかるように工夫する。情報が多いと混乱する年齢なので、すっきり、見やすいことに重点を置き作成している。

対象学年 6年　**掲示場所** 側面

タイトルや各教科名など、すべての磁石カードを子どもたちが作成した時間割。手づくりのあたたかみが感じられる。子どもは、自分たちがかかわったものには愛着をもつため、カード類は大事に使うようになる。

対象学年 6年　**掲示場所** 側面

側面の黒板にビニールテープで時間割の枠組みをつくっておく。係の子どもが各教科名を記した磁石カードを毎日貼り付け、時間割が完成。変更があってもカードを移動するだけなので、簡単に対応できる。

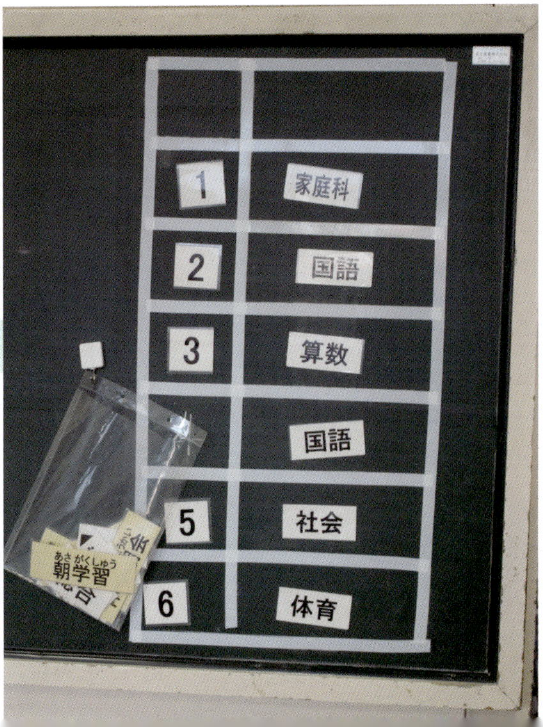

毎日の仕事を忘れずに行える

日直仕事の掲示

対象学年 1～6年

KEY POINT 多くの仕事をこなす喜びが味わえるように掲示を工夫する

他の係仕事と違い、日直は朝から帰りまで、たくさんの仕事を抱えます。その上、たまに回ってくるものだけに、内容を覚えきることはなかなか難しいもの。シンプルに、あるいは遊び心を加えて、仕事内容を明確に示しましょう。

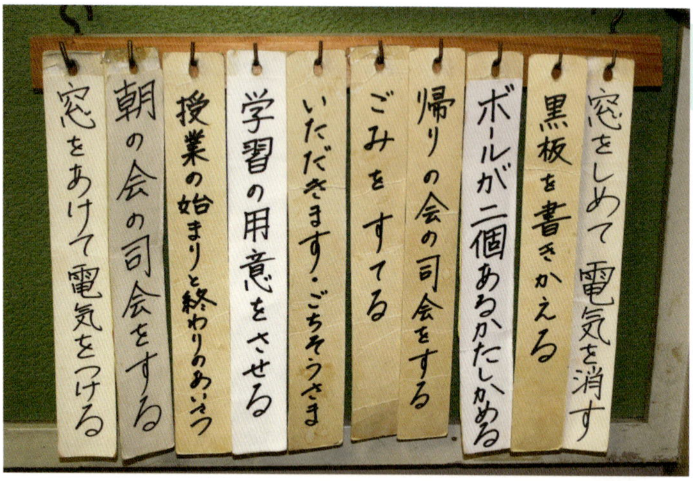

対象学年 1～6年
掲示場所 前面上部

短冊に書いた日直仕事が終わるたびに、短冊を裏返して掛け直していく。全部の仕事が終わると、「日直の仕事　きちんとできました！」の文字とイラストが出現する、楽しい掲示。やる気や達成感を引き出せる。

つくり方

❶大きめの紙に「日直の仕事　きちんとできました！」の言葉とイラストを描き、日直仕事の数に等分して切り離す。
❷できた短冊の裏面に日直仕事を順番に書く。
❸短冊の上部に穴を開け、フックに掛けられるようにする。

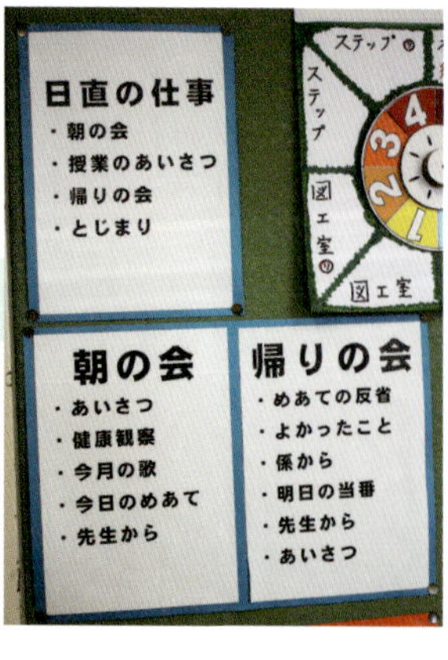

対象学年 4年　掲示場所 側面

日直が行う仕事をまとめた掲示スペースをつくり、日直仕事・朝の会・帰りの会の仕事内容を端的にまとめて掲示する。日直が司会などの仕事をするときに見やすい位置に貼ることがポイント。

日直にも学級会にも使える

個人ネームカード

対象学年
1〜6年

KEY POINT 似顔絵が楽しいネームカードを活用し、学級活動を活発に行う

日直、発表、各係活動と、教室では子どもの名前を貼り出す機会が多いものです。大きめのネームカードをつくっておくと、さまざまなシーンで大活躍。自分の似顔絵のカードなら、遠くからでも子どもたちがしっかり判別できます。

対象学年 4年　掲示場所 黒板

薄板に子どもに自分の顔と名前を描かせ、教師が頭の部分のカーブをカットする。裏面に磁石を貼って完成。グループ活動や係活動、意見をまとめる学級会など、さまざまな場で活用できる。

ここがポイント

ケースに入れて収納

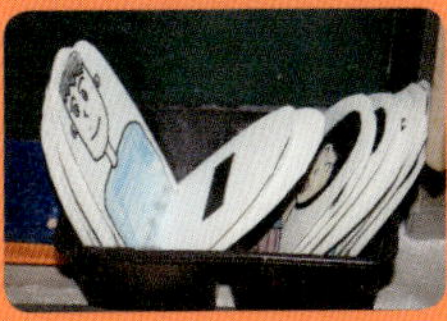

個人ネームカードはケースに入れて、黒板下などに収納しておく。すぐに取り出せて、いろいろな場面で使いやすい。単純に名前だけのネームカードよりも、自筆の似顔絵がある方が日直などの仕事の責任感が高まる。

現場からのアドバイス

ひんぱんに使うもののため、記名は消えないように、油性の「名前ペン」でしっかり書きましょう。紙製の場合はラミネートがおすすめ。

予定や連絡をしっかり確認できる

連絡黒板

対象学年

1〜6年

KEY POINT 先生からの肉声を感じさせる印象的な連絡黒板を

多くの連絡事項の中で、特に重要なものをどう目立たせるかは工夫のしどころです。磁石カードやビニールテープの区分けの活用、また周囲をすっきりさせ、先生の肉筆を目立たせるのも効果的。連絡方法をパターン化させるのも有効です。

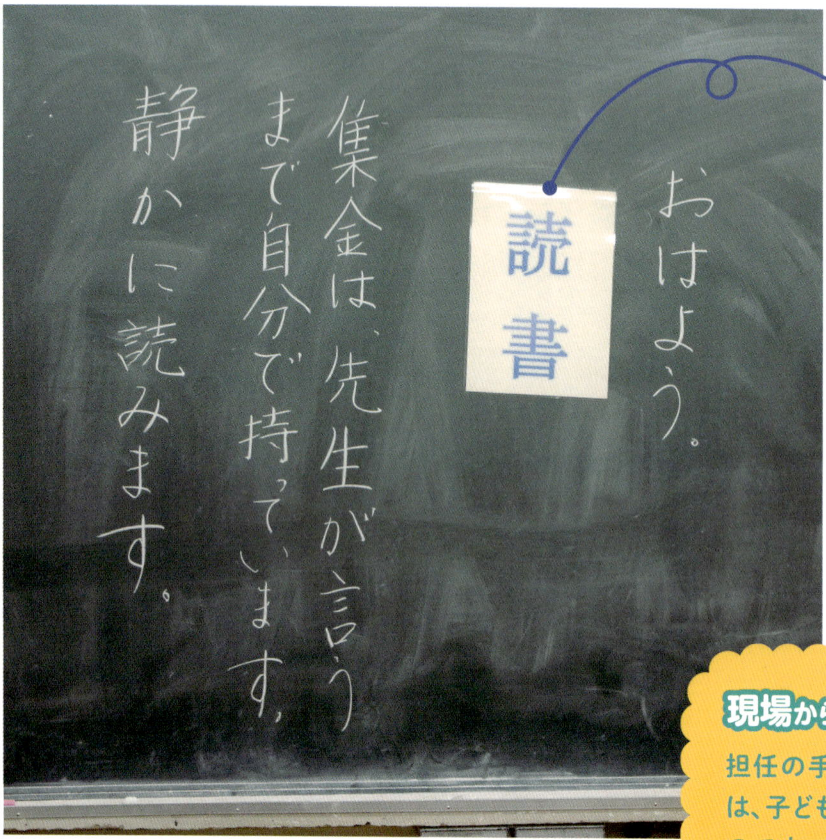

おはよう。
読書
集金は、先生が言う
まで自分で持っています。
静かに読みます。

つくり方

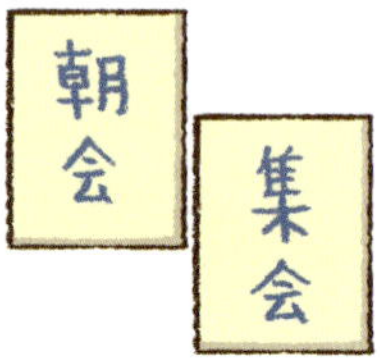

朝会
集会

読書、集会、朝会など、各予定のカードは、マグネットシートや厚紙に磁石を貼るなどして黒板に貼り付けられるようにつくっておく。厚紙の場合はラミネートしても良い。

現場からのアドバイス

担任の手書きのメッセージは、子どもにとって嬉しいものです。大きな字で、くっきりと書きましょう。

対象学年 4年　掲示場所 黒板

毎朝、朝の挨拶とその日の連絡を子どもたちの登校前に黒板に書く。朝一番に担任の字を見ることで子どもたちが安心感を抱き、連絡事項を受け取りやすくなる。黒板はすっきりときれいにしておくのがポイント。

対象学年 5年　掲示場所 背面黒板

黒板をビニールテープで区切り、「月間行事予定」を教師が、「係・当番からのお知らせ」を子どもが記入する。スペースを区切って書けるため、見やすくなり、見落としが少なくなる。

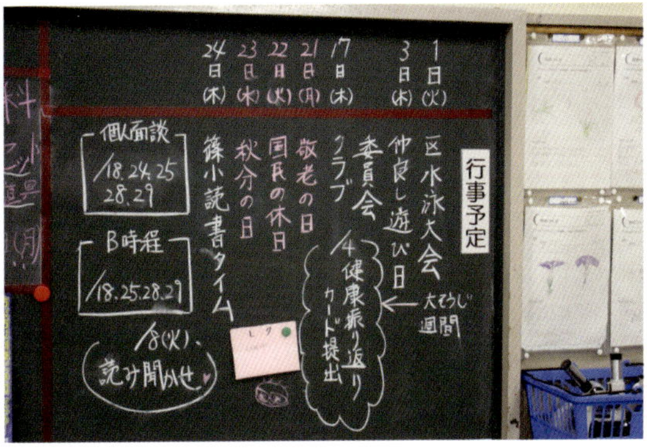

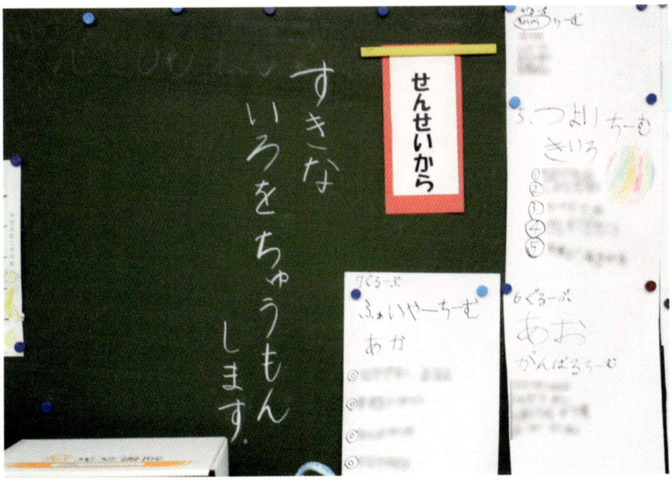

対象学年 1〜6年
掲示場所 背面黒板

赤白2色使いの目立つ台紙で「せんせいから」というカードをつくって背面黒板に貼り、子どもが帰る前に必ずチェックする習慣をつけさせる。連絡事項はチョークで大きく目立つように書くのがポイント。

対象学年 1〜6年　掲示場所 黒板

持ち帰るものがたくさんあるときや、必ず忘れずに家に持ち帰る必要があるときなどは、前面黒板に書き、重ねて声かけもする。こうした場合は、必要なことだけをシンプルに書く方が効果的。

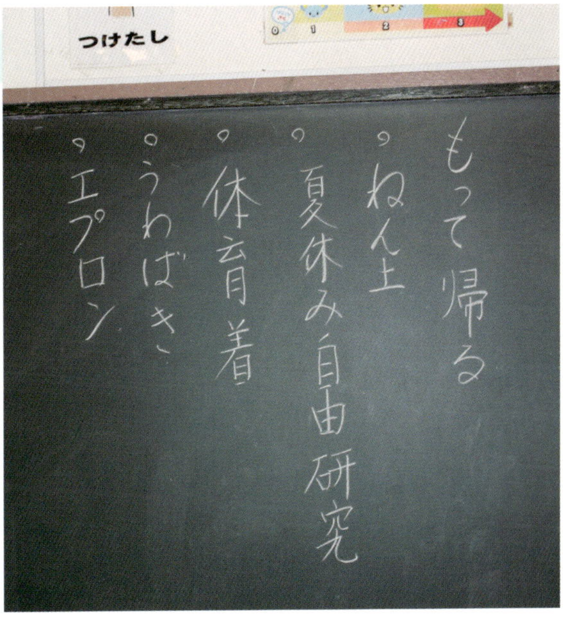

ここがポイント

黒板をいつもきれいに

黒板がすっきりきれいでないと、チョークで書いた字が目立ちません。先生が率先してきちんと消し、見本を示しましょう。

スムーズに会が進行できる

「朝の会」「帰りの会」の掲示

対象学年
1～6年

KEY POINT　要点をピックアップし、見ながら司会できる掲示を目指す

毎日行う「朝の会」「帰りの会」は、スムーズな進行になるよう指導します。みんなの前に立っても、落ち着いて司会・進行ができるよう、会の流れや話型をコンパクトな掲示にまとめ、子どもが話す位置からはっきり見えるレイアウトにすることが重要です。

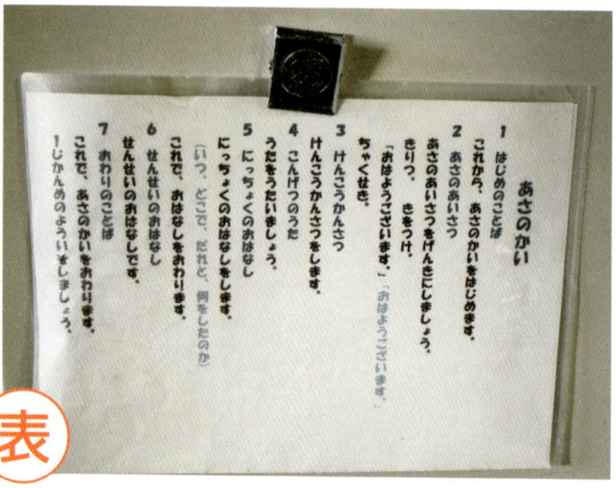

あさのかい
1 はじめのことば
これから、あさのかいをはじめます。
2 あさのあいさつ
あさのあいさつをげんきにしましょう。
きりつ。　きをつけ。
「おはようございます。」「おはようございます。」
ちゃくせき。
3 けんこうかんさつ
けんこうかんさつをします。
4 こんげつのうた
うたをうたいましょう。
5 にっちょくのおはなし
にっちょくのおはなしをします。
（いつ、どこで、だれと、何をしたのか）
これで、おはなしをおわります。
6 せんせいのおはなし
せんせいのおはなしです。
7 おわりのことば
これで、あさのかいをおわります。
1じかんめのよういをしましょう。

表

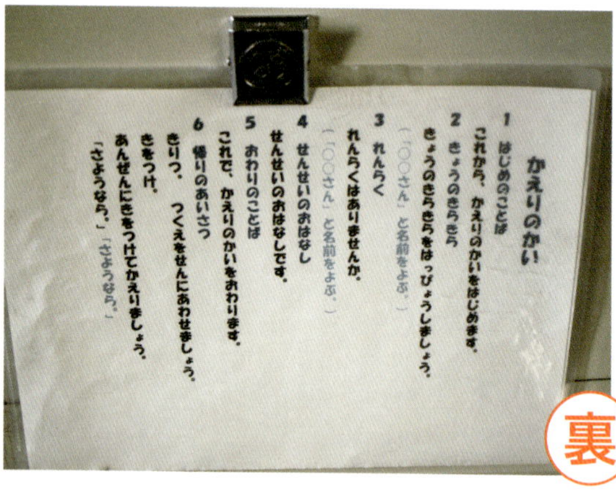

かえりのかい
1 はじめのことば
これから、かえりのかいをはじめます。
2 きょうのきらきら
きょうのきらきらをはっぴょうしましょう。
（「○○さん」と名前をよぶ。）
3 れんらく
れんらくはありませんか。
（「○○さん」と名前をよぶ。）
4 せんせいのおはなし
せんせいのおはなしです。
5 おわりのことば
これで、かえりのかいをおわります。
6 帰りのあいさつ
きりつ。　つくえをせんにあわせましょう。
きをつけ。
あんぜんにきをつけてかえりましょう。
「さようなら。」「さようなら。」

裏

対象学年 1～6年　掲示場所 黒板、前面など

「朝の会」「帰りの会」の進行を台本形式にまとめてクリアケースに入れ、磁石つきのクリップではさんで黒板などに掲示。日直は朝の会で、この台本を持って前に立ち、黒字の部分を読んで司会をする。青字は行う進行予定が明記されている。

ここがポイント　両面使いでわかりやすく

「朝の会」「帰りの会」のそれぞれの台本をクリアケースに入れて、表面・裏面で使い分けると便利です。

アレンジアイデア　新しい企画を取り入れる

「朝の会」、「帰りの会」を毎回台本どおりに行うのではなく、詩や短い物語を読む、子どもがスピーチを行うなど、新しい企画を取り入れることも必要です。スピーチの場合は、事前にお題を告知してあげましょう。

現場からのアドバイス

進行予定の部分と、日直が読む部分の文字を色分けしてあげると、子どもたちにわかりやすいです。

対象学年 6年
掲示場所 黒板横

「朝の会」「帰りの会」で日直が進行する項目のみに絞った、シンプルな掲示。会の流れを理解しやすいので、突然朝の会を短縮するような場合でも、どれを省略するかなど、内容の組み直しがしやすくなる。

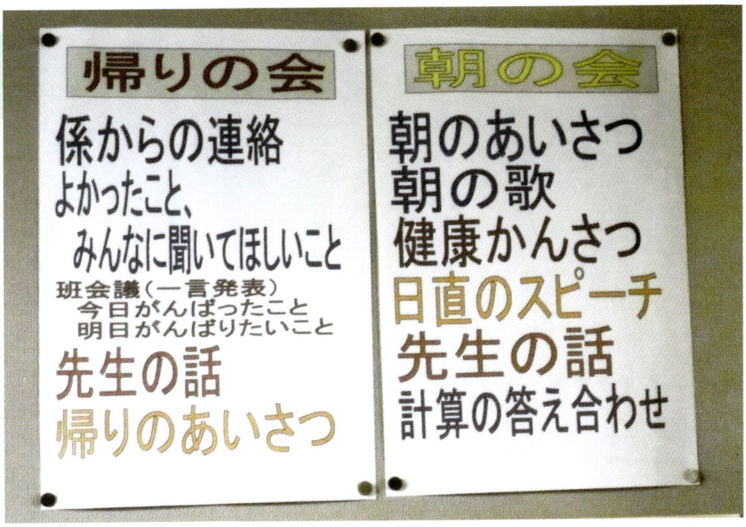

対象学年 1〜6年　掲示場所 前面

「朝の会」「帰りの会」それぞれのプログラムをすっきりとまとめた掲示。低学年には負担の大きな司会・進行なので、掲示を見ながら会を進行できるようにするのがねらい。イラストカットを加えるなどして楽しい雰囲気も演出する。

アレンジアイデア　天井から吊るして

司会がほかの子どもの方を向いたまま内容が読めるように、天井から吊るしてもOK。進行がいつでも目に入ることで、心強く感じながら司会にのぞめます。

現場からのアドバイス

話し方や聞き方の掲示や指導をあわせて行うと、より効果的です。

まだある!

掲示のアイデアピックアップ

楽しい仕組みがたくさん! 一人一役当番表のバリエーション

子どもたちがつい忘れがちな係仕事を、楽しみながら確実にできるのはこんな工夫があるから。子どもたちが毎日触れる係掲示が人気です!

一人一文字のメッセージで

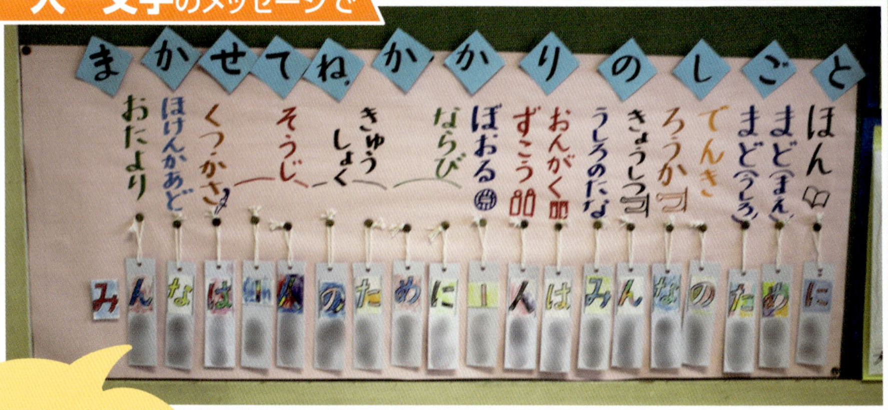

ひもつきのネームカードを各係仕事の画びょうに掛けます。仕事を終えてカードを裏返すと一人一文字のメッセージが完成します!

裏返すと1枚の写真に

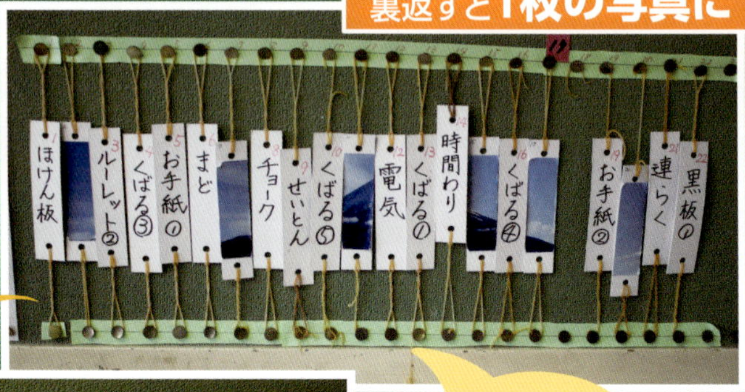

係の短冊に通した輪ゴムを画びょうに引っ掛け、クルクル回るようにします。仕事を終えて短冊を裏返すと、富士山が出現!

第4章

子どもの学習意欲・興味・関心をのばす掲示

子どもの学習への意欲や関心を引き出す工夫は、
各教科によってさまざまです。
学習内容の楽しさをゲーム感覚の掲示物で伝えたり、
わかりやすい合言葉を使ったりして、
子どもに考えるきっかけを与えましょう。
学習成果の掲示には、教師からのコメントをつけることで
意欲アップにつながります。

日常的に文字に親しめる

国語の掲示①（文字・漢字）

対象学年
1～2年

KEY POINT 文字の形がひと目で頭に入るよう、シンプルかつ明解に

国語学習の初期には、文字に親しみをもつことが大切です。遠くから見てもはっきりわかる明解な掲示で、たくさん文字に触れさせましょう。子どもが興味をもてるようなクイズ形式にするなど、楽しい演出や工夫も加えて。

対象学年 1年　掲示場所 前面上部

ひらがな・カタカナ・数字について、書き順も含めて覚えられるように、大きな文字カードを掲示する。わからない字があったらすぐに見られるように、目につくところに常時掲示しておく。

ここがポイント

習った文字を重ね貼りする

ひらがな→カタカナの順に習うので、習ったカタカナを、ひらがなの上に重ねて貼っていきます。一文字ずつ、知っている文字が増えていく充実感を感じることができます。

対象学年 1年　掲示場所 前面上部

漢字の書き順を説明する際に使う、4色に色分けしたカード。「赤の場所を見てね。ここから書きはじめるよ」などと声かけし、書き順の理解につなげる。へんやつくりなど、部首の学習にも活用できる。

対象学年 1年
掲示場所 教室ドア

漢字の読み方・書き順を正確にするために作成した「書き順なぞり」のカード。子どもが文字の上をなぞって覚えられるように丈夫な紙でつくり、習うごとにカードを貼り重ねていく。

ここがポイント

ドアに貼って、必ずなぞる

教室のドアに貼り、教室を出る際に「なぞって読む」ことを指導。少なくとも一日一回はなぞれるので、覚えが早くなります。

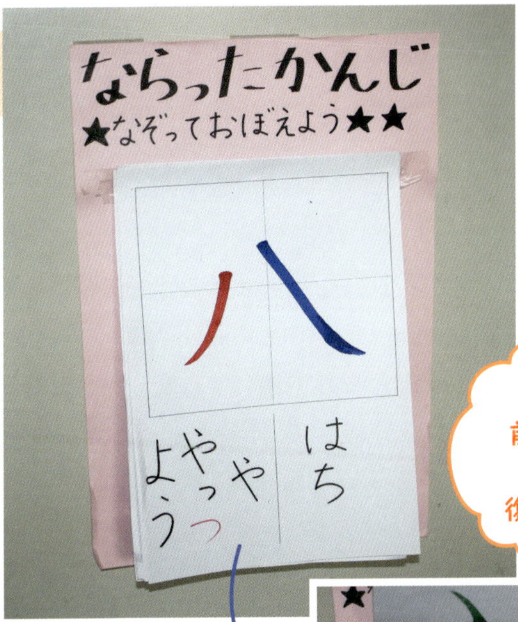

めくると前に習った漢字も復習できる!

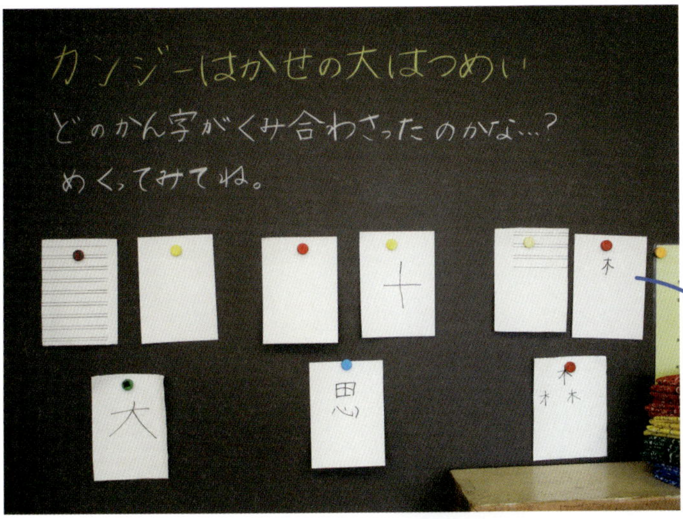

カードを裏返すと答えが…

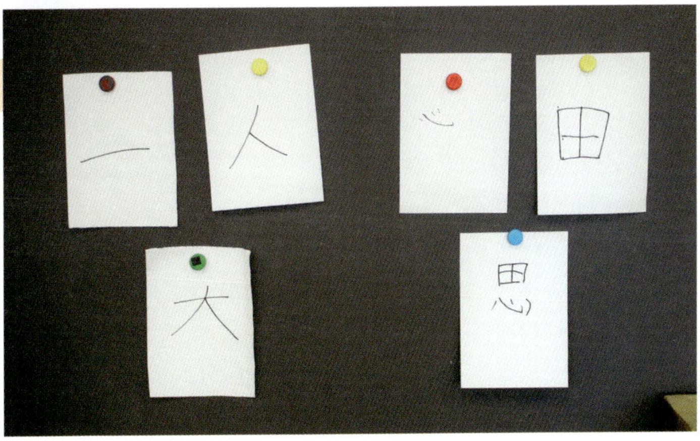

対象学年 2年 掲示場所 側面

国語の授業で学んだ「漢字の成り立ち」を、楽しく理解できるようにつくった、クイズ形式のカード掲示。漢字カードは子どもたちに作成させる。カードで遊びながら、授業での学習を復習できる。

学習の記録を残し、振り返りができる

国語の掲示②（授業の内容）

対象学年

1〜6年

KEY POINT 授業の板書をさまざまなシーンで生かせるように作成する

授業中の板書は、一回かぎりで消してしまうのではなく、学んだ内容を次の授業や日常生活にも活用することを見越して、作成しましょう。文字の大きさや色使いなど、掲示物としての必要条件を意識しましょう。

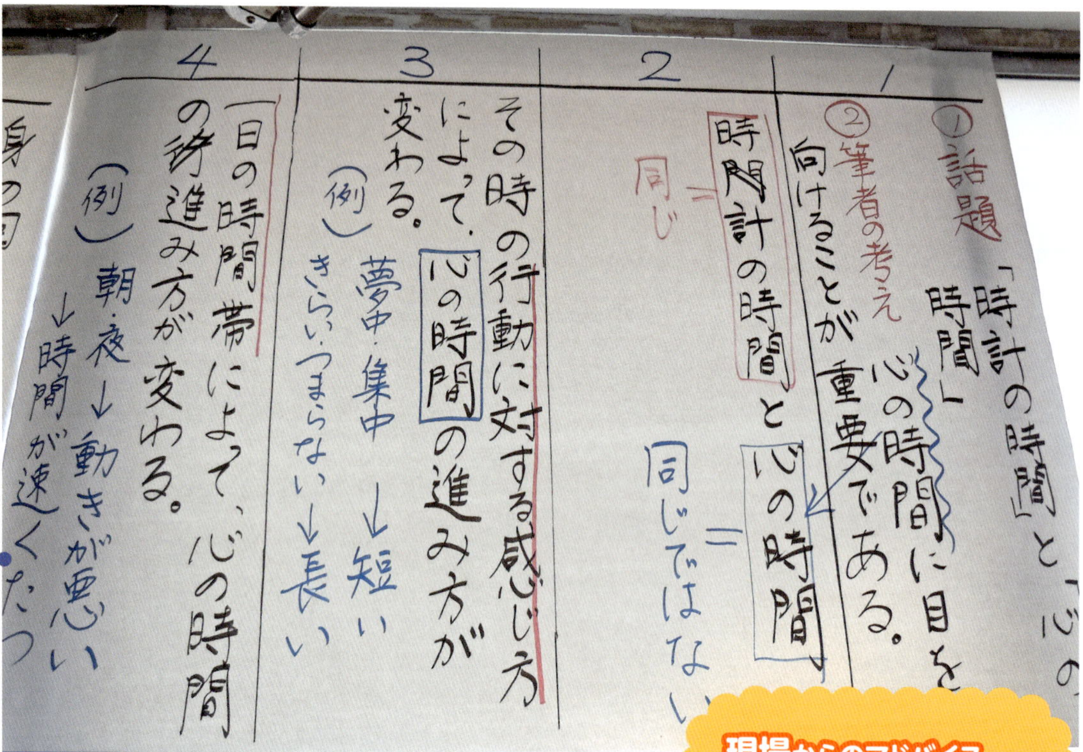

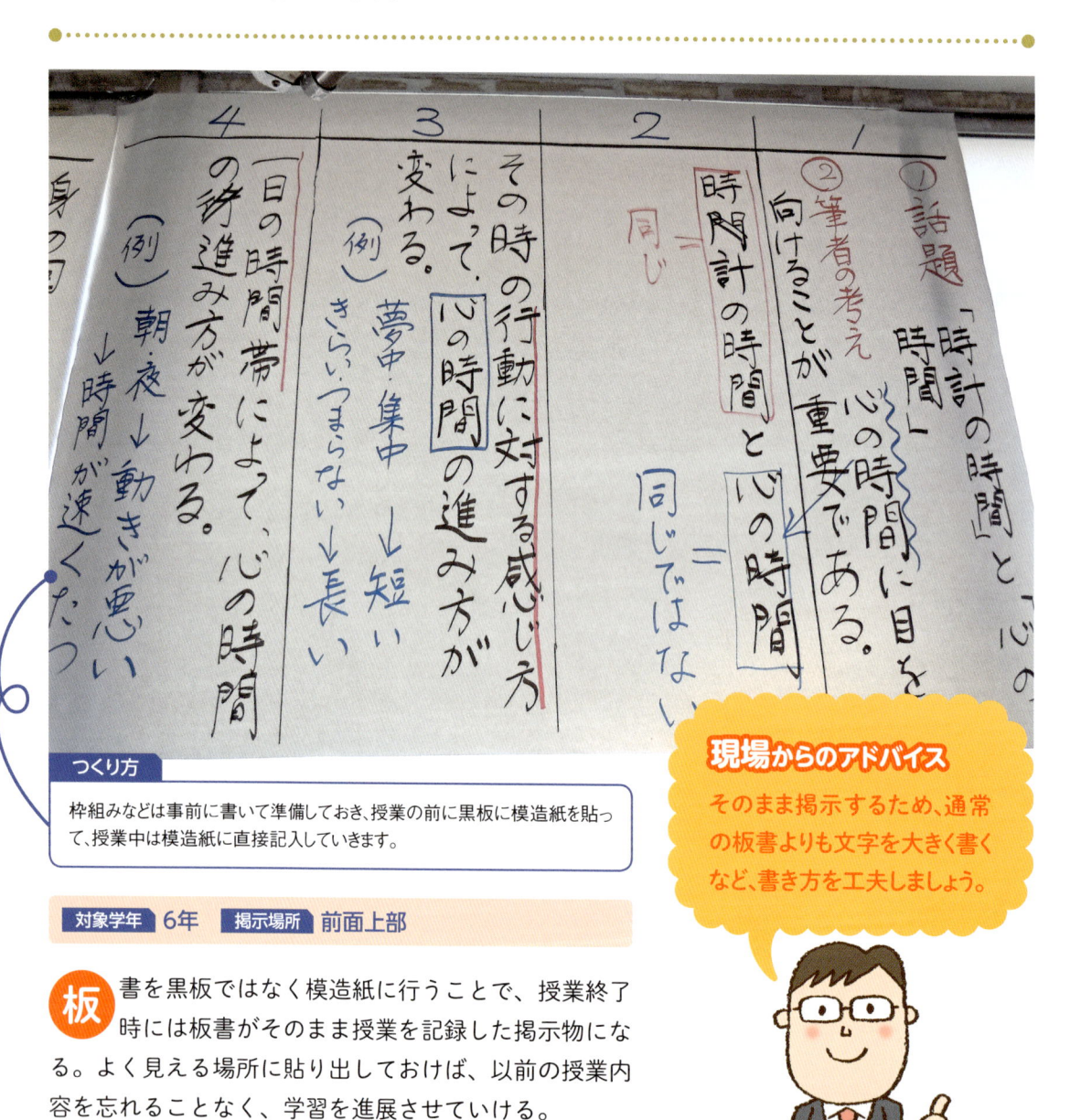

つくり方

枠組みなどは事前に書いて準備しておき、授業の前に黒板に模造紙を貼って、授業中は模造紙に直接記入していきます。

対象学年 6年　掲示場所 前面上部

板書を黒板ではなく模造紙に行うことで、授業終了時には板書がそのまま授業を記録した掲示物になる。よく見える場所に貼り出しておけば、以前の授業内容を忘れることなく、学習を進展させていける。

現場からのアドバイス

そのまま掲示するため、通常の板書よりも文字を大きく書くなど、書き方を工夫しましょう。

対象学年 5年　掲示場所 側面

物語の学習で、教科書のページをそのまま拡大して印刷して掲示する。登場人物の心情を各人物（ここでは「大造じいさんとガン」）ごとに色分けし、学習内容を直接記入。掲示しておくことで前回までの振り返りをしながら授業をすすめられる。

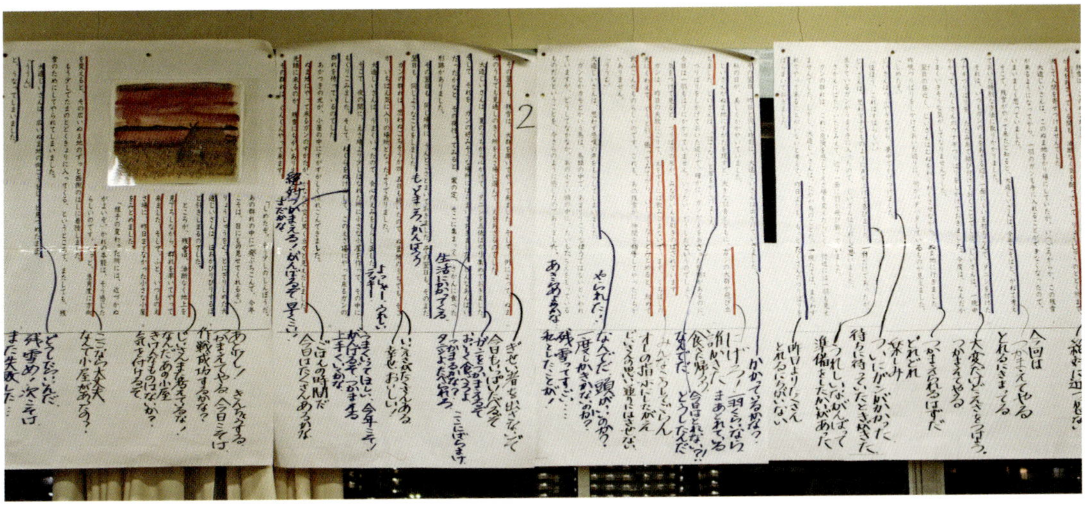

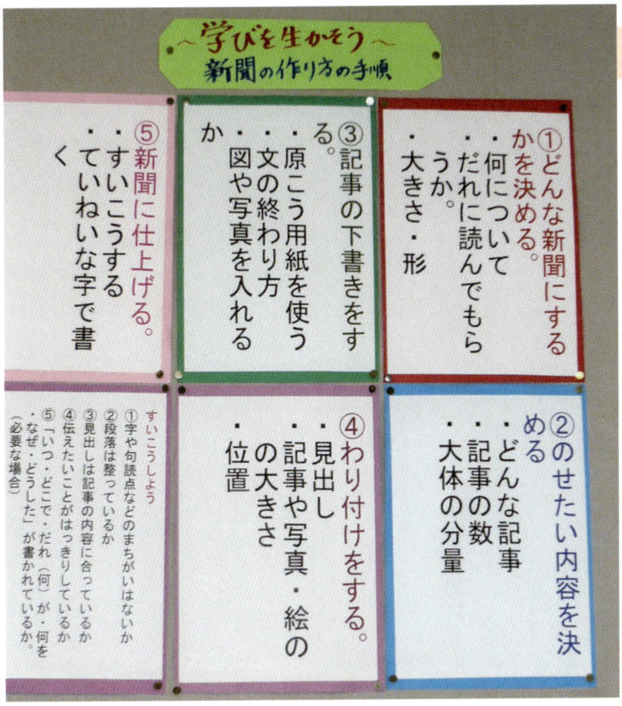

対象学年 4年　掲示場所 側面

国語の「新聞のつくり方」の学習内容を簡潔にカードにまとめて掲示しておく。社会科や総合、係活動などで新聞づくりをする際、この掲示があることによって子どもたちが自分で手順を確かめながら作成できる。

現場からのアドバイス

一度学習した内容を幅広く活用できるような工夫が大切。大事な内容なら、掲示できる形で残しておきましょう。

ここがポイント　**振り返らせて、積み重ねを**

学習内容を掲示しやすい形にまとめておくと、必要なときにすぐに黒板に貼れて便利です。手持ちで見せるだけでも学習の効果が上がります。

掲示場所や掲示レイアウトがポイント

短歌・俳句・書写の掲示

対象学年
3～6年

KEY POINT 作品の良さや進歩を引き立てる掲示方法を

短歌や俳句の作品は、短冊など和のムードが子どもたちの創作意欲を支えます。破れやすい書写の半紙は、ポケットやファイルを活用して大切に。漫然と掲示するのではなく、展示会のような雰囲気づくりで、意欲を高めていきましょう。

対象学年 6年
掲示場所 共有スペース

短歌の学習のまとめに、同じ語句の出だしではじまる短歌を子どもたちで作成したもの。他学年の目にも触れる場所に掲示することを先に伝えることで、文字やさし絵をていねいに書こうとする努力が生まれる。

対象学年 3年　掲示場所 共有スペース

季節ごとに作成する俳句を、各自の色画用紙の台紙に重ねて貼っていく掲示。単調にならないように貼り方に段差をつける。用紙をめくって以前の作品も読めるように、上部だけ糊づけしてある。

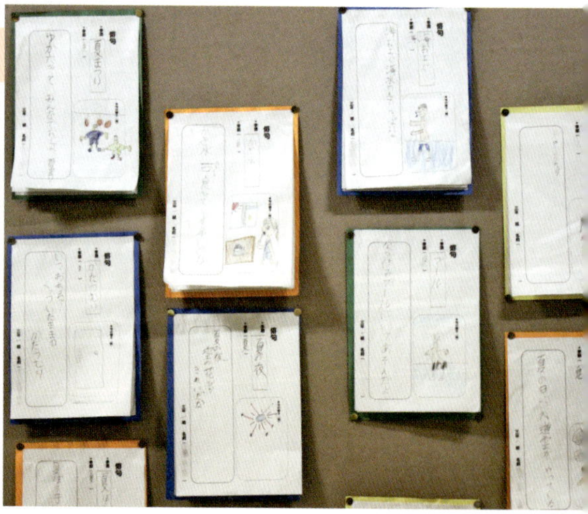

ここがポイント　持ち帰りにも便利

作品を貼り重ねていくため、一年後には自分の作品集ができます。家庭に持ち帰る際も台紙があると便利です。

対象学年 3〜6年　**掲示場所** 背面

枚数の多い書写の掲示の場合、「掲示位置にどんな目的をもたせるか」を考える。左は上部に貼って他の掲示物のスペースを確保している。右は低学年の子どもが見やすいことを重視し、低い位置に貼っている。

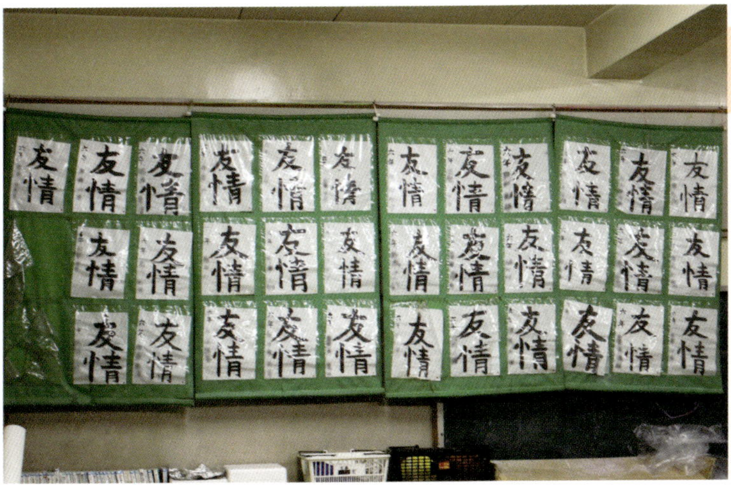

対象学年 3〜6年
掲示場所 背面

ポケットつきのカレンダー式で、書写で書いたものをまとめて掲示。透明ポケットに収納して掲示すると、汚さずに保存できる。写真では9ポケットごとにまとめて掲示しているため、〈貼る・はがす〉の効率も良い。

対象学年 3〜6年
掲示場所 背面

子どもたちが書いた書写の掲示とともに、毎回その作品のめあてと、先生からのコメントを掲示する。コメントの内容は頑張ったところ、良かったところなど、子どもたちが読んで嬉しい内容にする。

英文と音のつながりを意識できる

英語の掲示

対象学年
1～6年

KEY POINT 英語のフレーズが口から出るように誘導する掲示に

英語は普段から英単語や文章に触れさせ、親近感をもたせることが第一です。子どもたちが、習ったフレーズや単語をいつでも目にすることができるように、共有スペースなどの見やすい位置に掲示場所を設けましょう。

対象学年 6年　掲示場所 背面

教師の発音のみで英文を覚えるのは難しいため、文字からも覚えられるように掲示したもの。文字と音のつながり方を意識して聞く手がかりとなる。内容は道案内や曜日など、日常に取り入れられるものを。

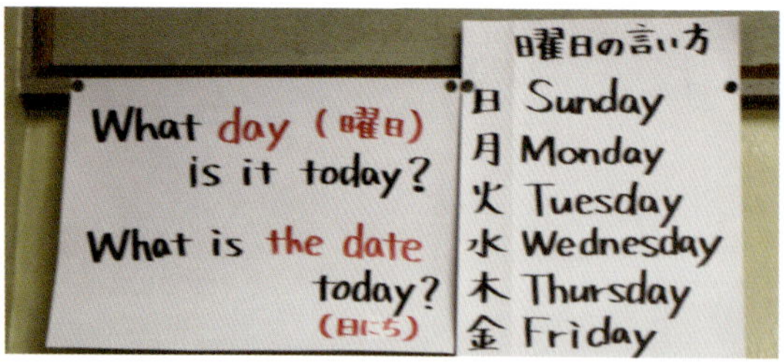

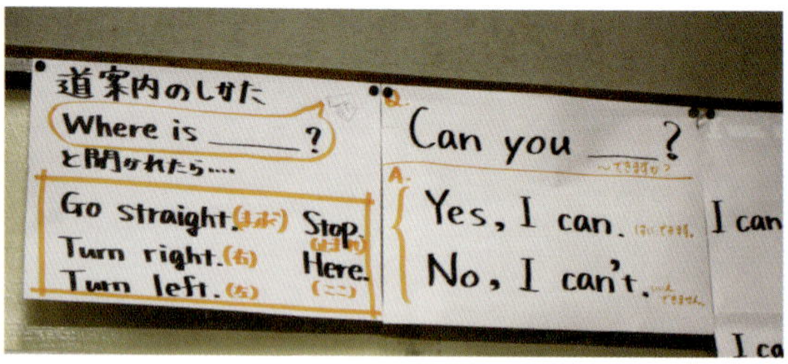

対象学年 1～2年　掲示場所 共有スペース

児童が必ず通る共有スペースに、季節に合わせた英単語コーナーをつくり、毎日内容を変える。低学年向けにイラストを使用して、英単語を覚えられなくても、ひとつの絵として頭に入るように楽しげにレイアウトする。

ここがポイント

自由に単語を貼ってOK

ポケットを設け、英単語カードを入れておいて、子どもも自由に貼って良いルールにします。友達同士などで楽しんで掲示を変えて遊べます。

計算方法の比較検討ができる

算数の掲示①(解き方)

対象学年 1〜6年

KEY POINT 覚えやすい合言葉で、解き方の比較検討学習に取り組ませる

算数学習では、計算方法や解決方法の検討が大変重要です。「はやく・かんたん・せいかく」の頭文字を取った「は・か・せ」の合言葉を使って、問題の解き方の比較検討に誘導します。低学年のうちから、算数の考え方の視点を掲示で定着させましょう。

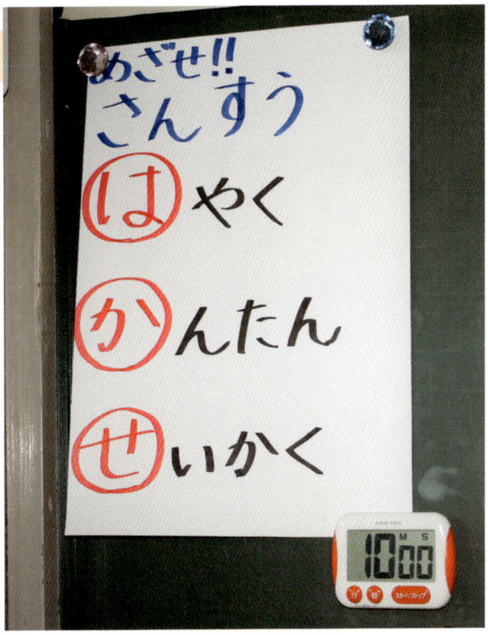

対象学年 6年　掲示場所 背面

黒板に「めざせ！さんすうはかせ」の掲示を貼って、算数の勉強に「はかせ」が欠かせないことを普段から意識づけしておく。より良い解決方法を練り上げる視点として、子どもたちに定着させる。

対象学年 2年　掲示場所 側面

「はかせドン」の合言葉と親しみやすいはかせのイラストで、子どもたちから好感度の高い掲示。解決方法を検討するときばかりでなく、授業の振り返りにも「はかせドン」の視点を活用できるように指導する。

現場からのアドバイス

「は・か・せ」には「だ(だれでも)・い(いつでも)」を加えて「だいはかせ」とするなど、アレンジして活用できます。

図形や公式を理解し活用できる

算数の掲示②（公式）

対象学年
4～6年

KEY POINT 習ったことを思い出しやすい、ヒントのある掲示を

学年が進むにつれ、理解度の差が生まれやすいのが算数です。授業中の板書をそのまま掲示し、授業中の手がかりを思い出させる、あるいは色や形を駆使して公式をまとめるなど、子どもの目線に立った掲示を作成しましょう。

対象学年 6年
掲示場所 前方上部

各単元で学習した内容をまとめ、ひもとクリップを使って掲示。色分けして大きな字で書き、遠くからでも読みやすくする。長方形や三角形などの形に色紙を切り、めくると公式が記してあるなど、子どもが興味をもちやすい仕組みにするのがコツ。

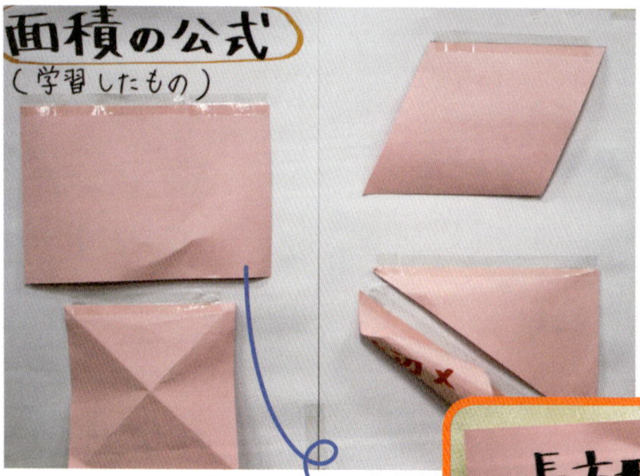

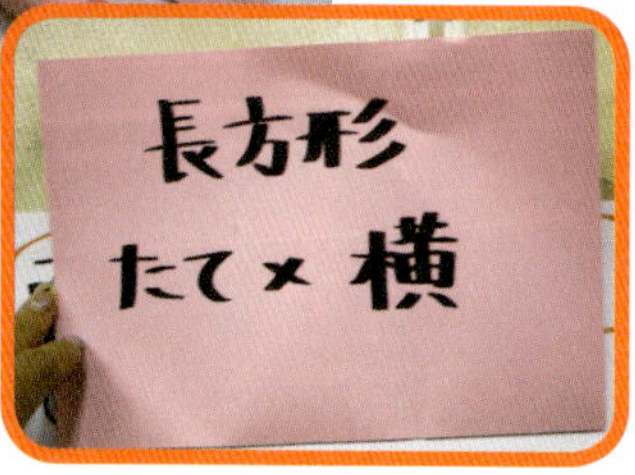

色紙の図形をめくると…公式が

現場からのアドバイス

面積の公式を忘れた子どもには掲示を見に行くように促すと、自分で色紙を裏返して楽しく覚えられます。

対象学年 4年 掲示場所 側面

大切な公式や算数の決まりは、子どもがいつでも確認できるように、年間を通して掲示して理解の助けとなるようにする。練習問題を解く場合も、これらの掲示を見て自力解決するように励ます。

ここがポイント

色と形で表現を

たし算やかけ算の公式を説明するときには、□、○、△などの形で表現するだけでなく、ピンク、ブルー、グリーンなど色分けすることで、子どもがひと目で公式を理解しやすくなります。

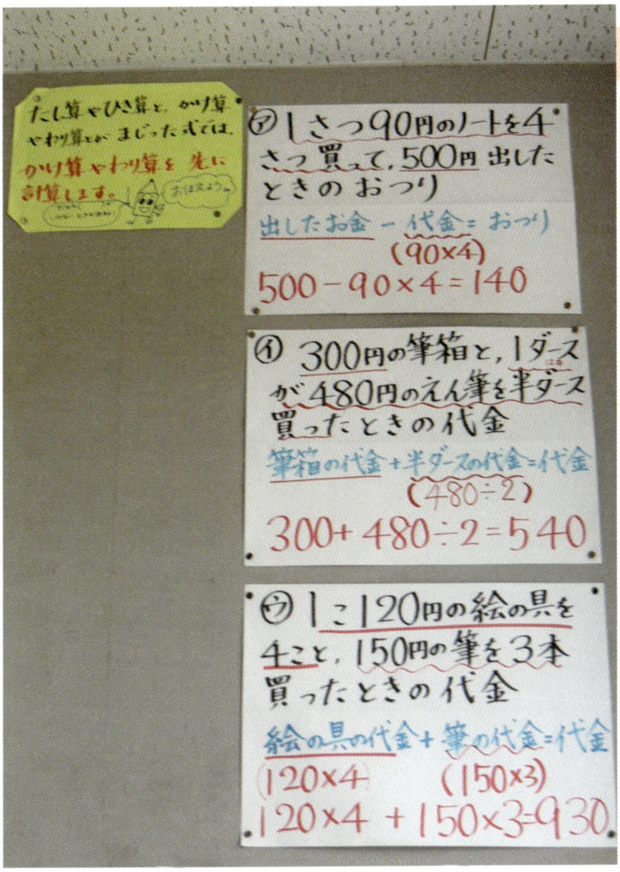

対象学年 4年 掲示場所 側面

用紙に問題文だけ授業前に記入しておき、言葉の決まりや数式は授業中にその場で書き入れて、子どもたちに印象づける。授業後には完成した用紙をそのまま掲示。復習時、子どもが解き方を確かめながら取り組める。

現場からのアドバイス

あらかじめ授業研究で掲示すべきものの見通しを立て、授業で使う資料などをそのまま掲示できるようにするなど効率化しましょう。

身近な単位から理解が深まる

算数の掲示③（単位）

対象学年

1～2年

KEY POINT 身のまわりの単位への興味・関心を高める掲示を

単位の学習は、教室や家庭など身近なものの長さや量に注目することからはじめましょう。体験学習の結果は、なるべく実物を使って掲示をすることで子どもの興味関心を高め、単位とものとの関係性や感覚を学ばせましょう。

対象学年 1年 掲示場所 側面

長さに注目して、その比較を表した掲示。教室内のさまざまなものを測り、原寸大の色テープで比較する。子どもは自分が抱いた印象と実測との差や、単位を用いて長さ比べができる面白さに気づくことができる。

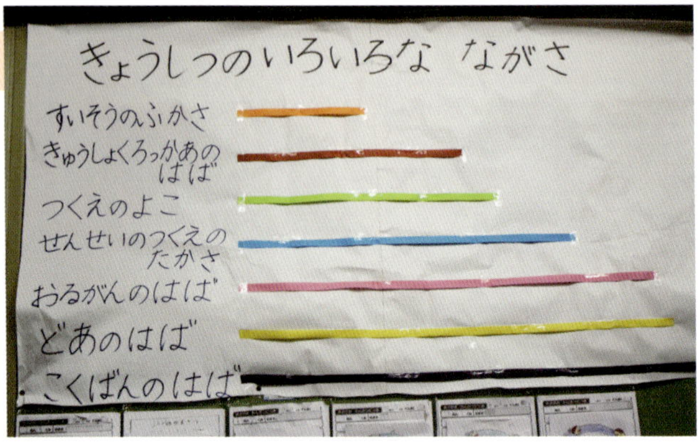

対象学年 2年 掲示場所 側面

生活の中でミリリットルやリットルの単位が使われているものを探し、実物の容器を貼り付けた掲示。普段子どもが家で目にする日用品にも単位を使った量の表示がされていることを発見させ、単位と生活が結びついていることに興味関心をもたせる。

ここがポイント

実物をそのまま掲示

体験学習の記録は掲示で残し、振り返りにつなげましょう。容器の実物をそのまま見せる方が実感を得られます。

方位の感覚を身につけられる

社会の掲示（方位）

対象学年
3～6年

KEY POINT 学校周辺の方位と地域を関連づけ、社会の学習に生かす

子どもが自分の生活圏の東西南北の方位とその地域にあるものを調べた体験学習の結果を、教室内の各方位にも掲示しましょう。学校と周辺地域との方位の関係性を毎日意識できるので、学習の効果を継続できます。

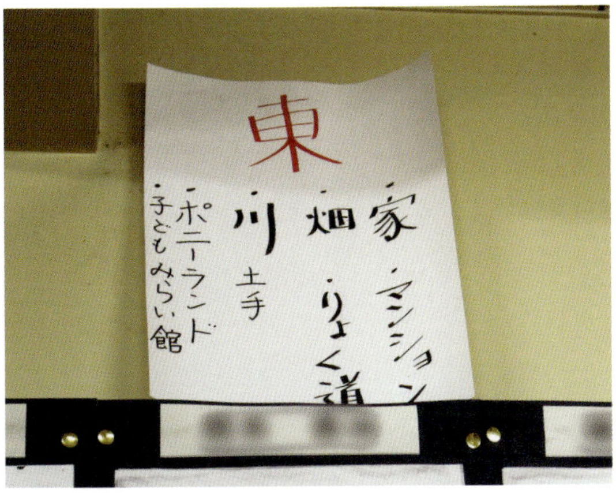

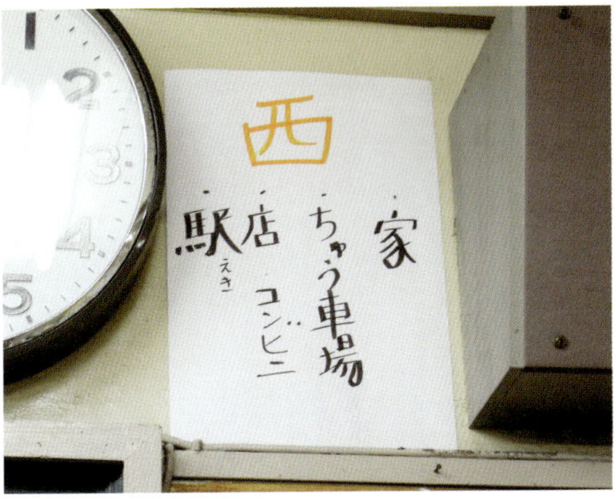

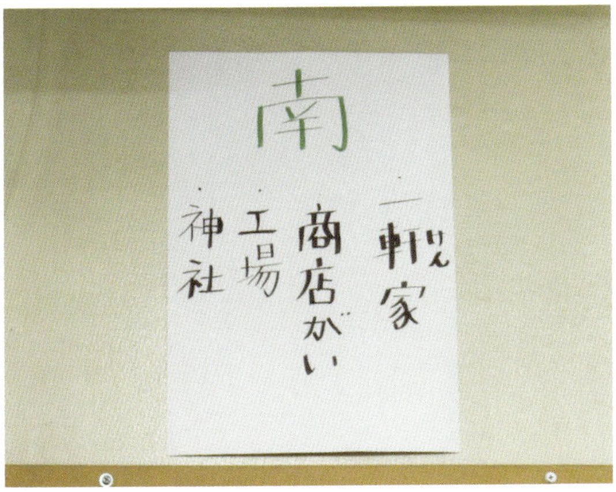

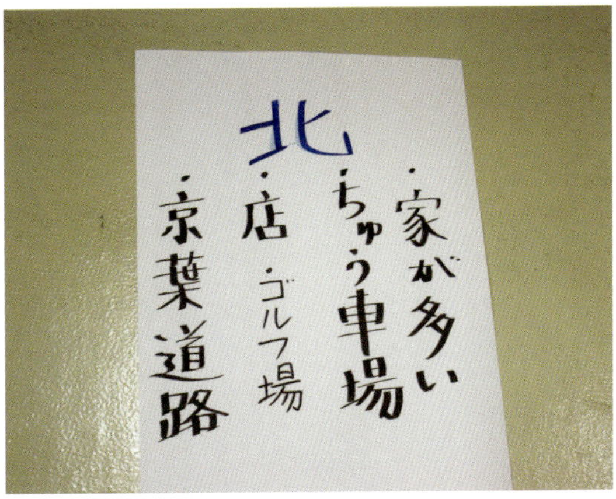

対象学年 3年　掲示場所 教室上部四方

社会の教科で「東西南北」と「学校のまわり」を学習した際のまとめを、そのまま教室に掲示する。掲示によって子どもはくり返し意識づけを行い、各方位と環境の関係性を把握できるようになる。

ここがポイント

東西南北で色分けを

方位ごとに色の違うペンで記入して、違いをより明確にしましょう。紙を色分けしてもOK。

歌や演奏がもっと楽しくなる
音楽室の掲示

対象学年
1〜6年

KEY POINT　音楽表現のために覚えておきたい内容を楽しい雰囲気で

子どもにとって音楽は、学習であると同時に音楽表現の楽しさを味わう時間でもあります。覚えなければならない要素はシンプルにまとめ、掲示全体の雰囲気づくりにはにぎやかな色使いやモチーフ選びを心がけましょう。

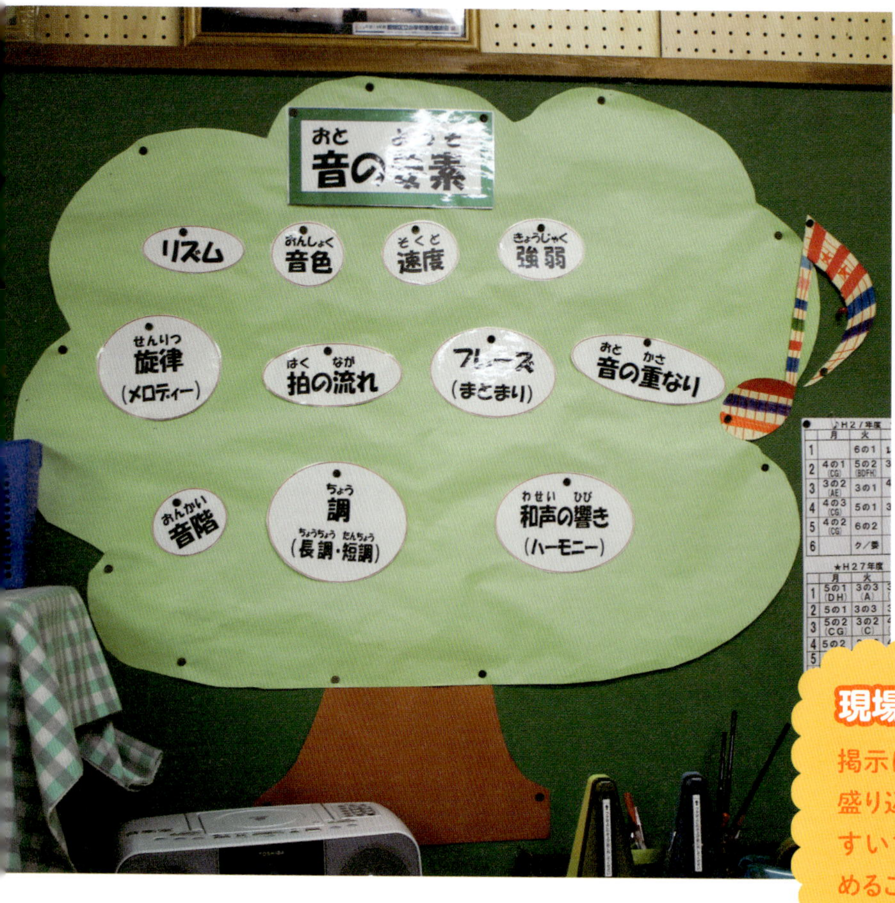

対象学年　1〜6年
掲示場所　音楽室黒板横

「音の要素」をそれぞれカードにして、木のモチーフの掲示に貼る。音楽鑑賞や「音をつくろう」といった授業では掲示を見せながら解説する。常時掲示しておくことで、各語句への理解が深まるきっかけに。

現場からのアドバイス

掲示にはたくさんの要素を盛り込まない方が伝わりやすいです。シンプルにまとめることを心がけて。

アレンジアイデア

学校でなじみのあるモチーフに

写真はバックに学校のキャラクター「みどりん」をイメージして作成したものですが、各校でなじみのあるモチーフを採用しても良いでしょう。

対象学年 1〜6年　掲示場所 音楽室廊下側

「音楽朝会」の1年分のスケジュールの掲示。各月に歌う曲名と日程を、かわいい列車のデザインで表現している。歌うのが楽しくなるように、元気でカラフルな色使いを意識して、歌の標語も楽しげに見せる。

対象学年 4〜6年　掲示場所 音楽室側面

リコーダーの指使いが定着しない子どもが多いことから、主な指使いを音符とともに掲示。掲示を見ながら演奏できるので、演奏に苦手意識をもつ子どもも、一人で練習に取り組めるようになる。

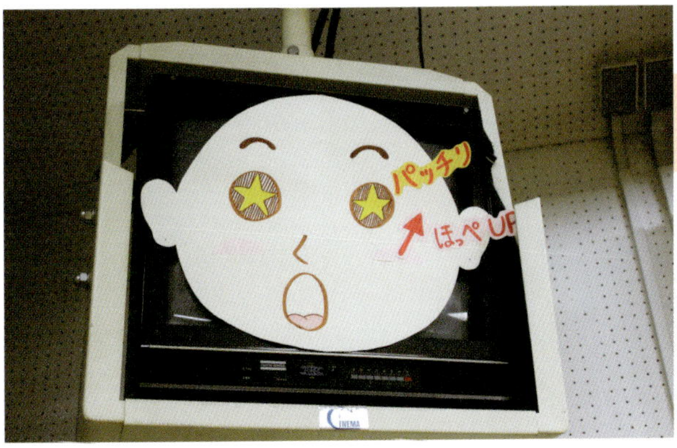

対象学年 1〜6年
掲示場所 音楽室天井のモニター画面

歌うときの表情や口の開け方のポイントを、イラストでわかりやすく表現した掲示。高い位置に掲示してあるため、歌う際に全員が顔を上げると自然に目に入り、意識づけできるようになる。

正しい本の扱い方やマナーがわかる

図書室の掲示

対象学年

1～6年

KEY POINT みんなが気持ちよく使える図書室のルールを伝える

図書室は子どもたちが本を読みながらのびのびと過ごせるスペースです。だからこそ、本の扱い方や図書室で過ごすときのルールについて、きちんと伝えておきたいもの。子ども自身の言葉で表現させるのも効果的でしょう。

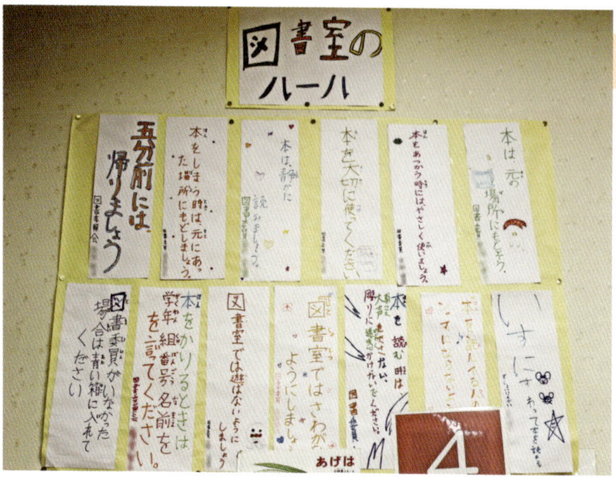

対象学年 1～6年　掲示場所 図書室側面

図書委員一人一人が図書室の利用ルールを考え、短冊に書いて貼り出したもの。カラフルなペンを使用し、短冊の空いたスペースにはイラストを添え、台紙を目立つ黄色にしたのが工夫点。子どもたち自身がルールを決め、自分たちの言葉で伝えるので、説得力がある。

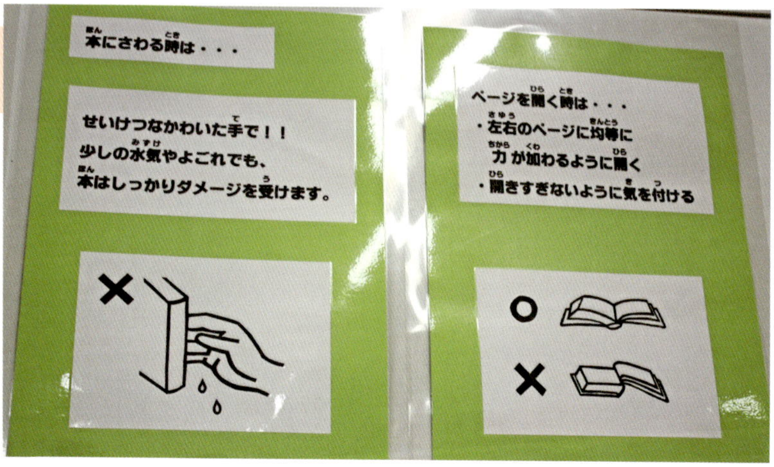

対象学年 1～6年
掲示場所 図書室側面

「本を濡れた手で触らない」「ページを開き過ぎない」など、目で見るだけで本の扱い方がわかるように、シンプルなイラストで伝える掲示。子どもが注意するべき場面を細かく具体的に明示する。○と×で正しい例、誤った例を出すことでわかりやすく見せている。

アレンジアイデア 本に興味を持たせるテーマに

「おすすめの本」「新着図書」の掲示など、日頃から「図書室の掲示は面白い、本を読みたい」と子どもが思えるようなテーマで行うのが良いでしょう。

楽しく心と体の知識が深められる

保健室の掲示

対象学年
1〜6年

KEY POINT 健康を意識した生活へ誘導するように身近な話題を盛り込む

子どもは自分の体の仕組みに興味しんしん。驚きや発見を与えながら、「健康をつくるのは自分自身だ」という意識を育てましょう。中でもクイズ形式の掲示は、人気のある掲示パターンのひとつです。

対象学年 1〜6年 掲示場所 保健室廊下側

保健委員とともに毎月テーマを変えて掲示物をつくり、いつも目新しい話題を提供できるように心がける。誰でも気軽に触れて健康への知識を深められるように、ラミネートして丈夫に作ることがポイント。

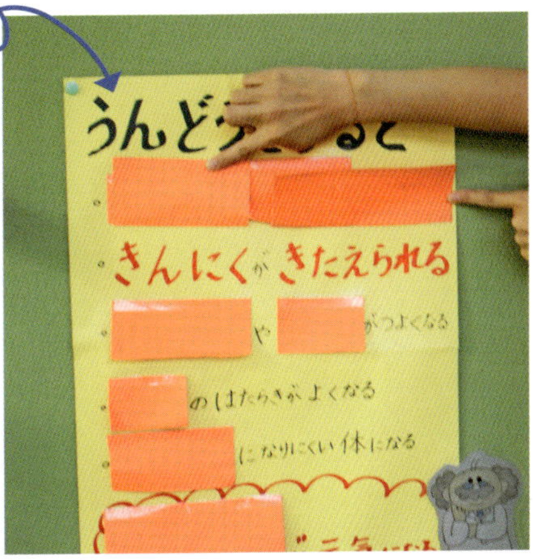

対象学年 1〜6年 掲示場所 保健室廊下側

子どもたちが寝ている布団をめくると、睡眠に関する疑問に答える文章が出てくるユニークなしかけの掲示物。いろいろな表情の子どものイラストや、好感のもてる色使いで、楽しい気分で知識を深められるものに。

年中行事や春夏秋冬を意識できる

季節の掲示

対象学年
1〜6年

KEY POINT 子どもが喜ぶ季節の風物コーナーで情緒を育む

教室掲示の中に、自然物や季節のモチーフのイラスト・クラフトを加えて季節感を演出すると、クラスの空気が穏やかになります。伝えていきたい年中行事や心なごむ季節のシーンを演出し、一年の日々の移り変わりを、子どもたちに実感させましょう。

対象学年 3年　掲示場所 黒板横

季節の花や実、小さな動物の人形などをあしらった季節のコーナー。布や流木など演出効果の高いものを取り入れるのが成功の秘訣。子どもたちが毎日配置を変えて楽しみ、ほっとできるスペースとなっている。

アレンジアイデア　年中行事の学びにも

1月には門松や鏡餅、5月にはこいのぼりや菖蒲、よもぎなどを掲示して。その時期にふさわしいものでシーンを演出すると、自然と年中行事の話題に触れることもできます。

現場からのアドバイス

子どもたちに自由に掲示を動かしたり、新しい飾りを加えてもよしとすると、季節に対して敏感になります。

対象学年 1〜6年　掲示場所 廊下側

「夏休み中の思い出」の提出物を貼り出した周囲に、ヒマワリやかき氷など夏のモチーフのイラストを、バランスを意識して散りばめた。廊下を通る人の目を引き寄せ、掲示物を読んでもらいやすくする。

対象学年 4年
掲示場所 玄関の掲示スペース

毎月交代で各学年の作品を掲示する玄関スペースに、今回は敬老の日に贈る絵手紙の習作をあしらって。ハガキよりも大きな用紙に秋を題材とした絵と言葉を描き、来校者にもほっとできる空間となっている。

対象学年 1〜6年　掲示場所 廊下側

冬休み中の読書感想文の掲示に、雪だるまなど冬のモチーフを添えて。雪はワタを使うなど、表現に工夫を凝らしても。折り紙を使った雪の結晶の切り紙なども子どもたちに人気が高く、一緒につくって掲示しても良い。

季節の変化と植物の成長が感じられる

自然の掲示

対象学年

1～6年

KEY POINT　身近な自然を見つめる、観察の目を育てる掲示

特別な場所に出かけなくても、学校生活の中で発見できる自然はたくさんあります。見やすい大きさの写真、読みやすく的を射た解説文を添えた掲示で子どもたちが身近な自然に関心を抱くように誘導しましょう。

現場からのアドバイス

学校周辺や行事で訪れた場所で植物の写真を撮っておくと掲示に役立ちます。特定の植物を1年通して定点撮影し、変化を見せるのも良いでしょう。

対象学年 1年　掲示場所 背面

身近な自然の観察記録を月ごとに分けた掲示。校庭や遠足で訪れた場所などで観察したことを忘れないうちに掲示し、時間の経過による自然の変化を見比べられるようにする。子どもからの発見報告も取り入れたい。

対象学年 3年
掲示場所 背面

教師が年間を通して季節を感じられるチョーク絵を背面黒板に描く。季節の花や理科の授業で育てている植物を絵に加えたり、冬至の時期には太陽の絵を消してろうそくを描くなど、自然の移り変わりを絵で表現する。

対象学年 1〜6年　掲示場所 渡り廊下

校内で観察できる植物の写真を見やすい大きさで日付順に掲示する。撮影日と撮影場所を記載するので、写真を見た子どもが実物を観察しに行くことも可能。身近な自然の変化に気づくきっかけとなる掲示。

植物の成長をしっかり観察できる

観察カードの掲示

対象学年

1〜6年

KEY POINT 手描きの絵や写真、実物などさまざまなものを盛り込む

植物観察の際、絵がうまく描けずに消極的になる子どものために、教師が観察ポイントを示した見本となる絵を描いて掲示するほか、押し花や乾燥させた実物などを添えて、観察の楽しさを掲示で表現しましょう。

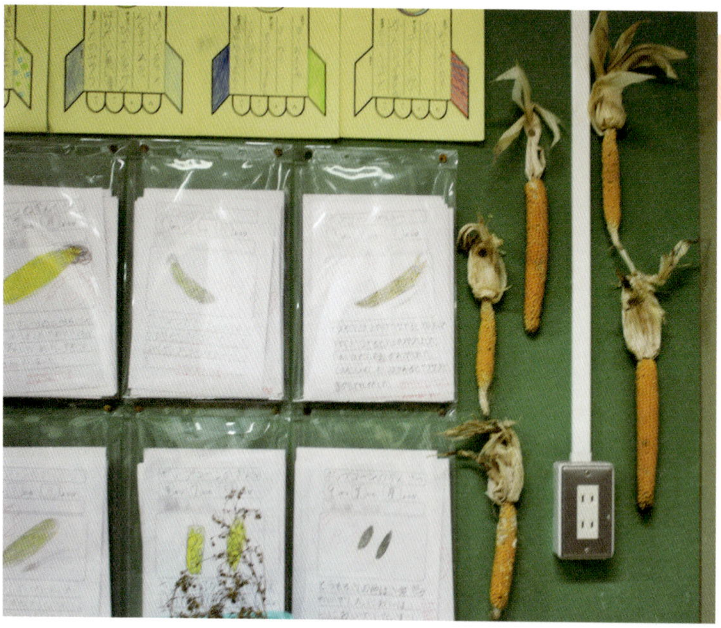

対象学年 2年
掲示場所 背面

ポップコーン用とうもろこしの栽培学習の掲示。観察カードの脇に実際に収穫したものを添えて掲示し、観察カードと比較する。収穫したとうもろこしを乾燥する意味もあり、その過程も観察できる。

対象学年 1年
掲示場所 背面

あさがおの成長を観察段階ごとに描き、学習カード入れのポケットのそばに順次貼っていく。実際の写真も添えると効果的。ラミネートすれば丈夫できれいに保てるので、子どもが絵を描く際も参考にしやすい。

友達と頑張りを認め合える

夏休みの自由研究の掲示

対象学年 1〜6年

KEY POINT 一人一人の作品がよく見えるように立体的な工夫を

夏休みの自由研究は、子どもの個性がよく出る成果物です。頑張ったところ、工夫したところを子どもや教師のコメントで作品に添え、見る人に伝わりやすい掲示にしましょう。ノート形式のレポートは手にとって読めるように掲示します。

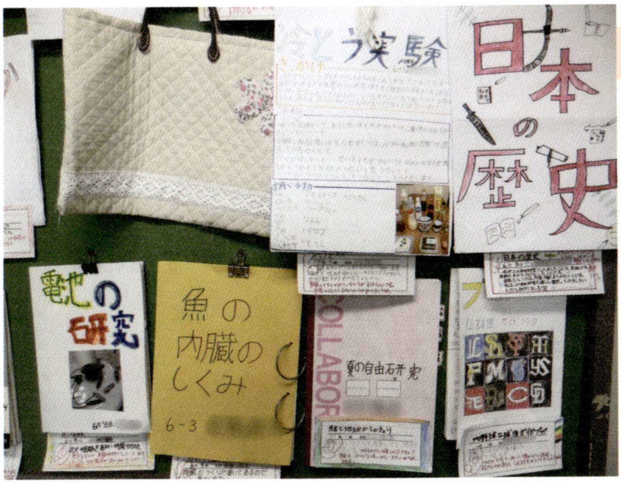

対象学年 6年　掲示場所 廊下側

レポート作品を単純に平置きすると、それぞれの存在感が薄くなりスペースも取ってしまうため、挟めるクリップを活用して吊り下げる掲示にすると、作品タイトルが見やすく、子どもたちの興味も引きやすい。

ここがポイント

見やすい解説カードをつけて

形式を揃えたカードに「見てほしいポイント」などを書くと統一感が出ます。挟めるクリップは画びょうで留め、クリップを外せば手にとれるようにします。

対象学年 1年　掲示場所 背面

テーブルを活用し、作品が重ならないように見やすく展示する。教師のコメントを添えるだけでなく子どもたちの感想コーナーをつくり、互いに認め合えるように。「頑張って良かった」と思える掲示にする。

ここがポイント

教師のコメントを必ず添えて

展示する前に作品について紹介する時間をもち、自分へのほめ言葉を聞いたり、他の作品に関心をもったりしてから展示を見ると、楽しさが増します。

上手なノートのとり方を友達から学べる

ノート指導の掲示

対象学年
1〜6年

KEY POINT どこが良いのか具体的にコメントで示し、互いの成長を促す

どんな書き方が良いノートなのかは、学年・学習の進度によって変わります。そのつど、実際に友達のノートを目にすることで、どのようにまとめたら良いかを子どもたちがみずから学べるようになります。教師による適切なコメントも欠かせません。

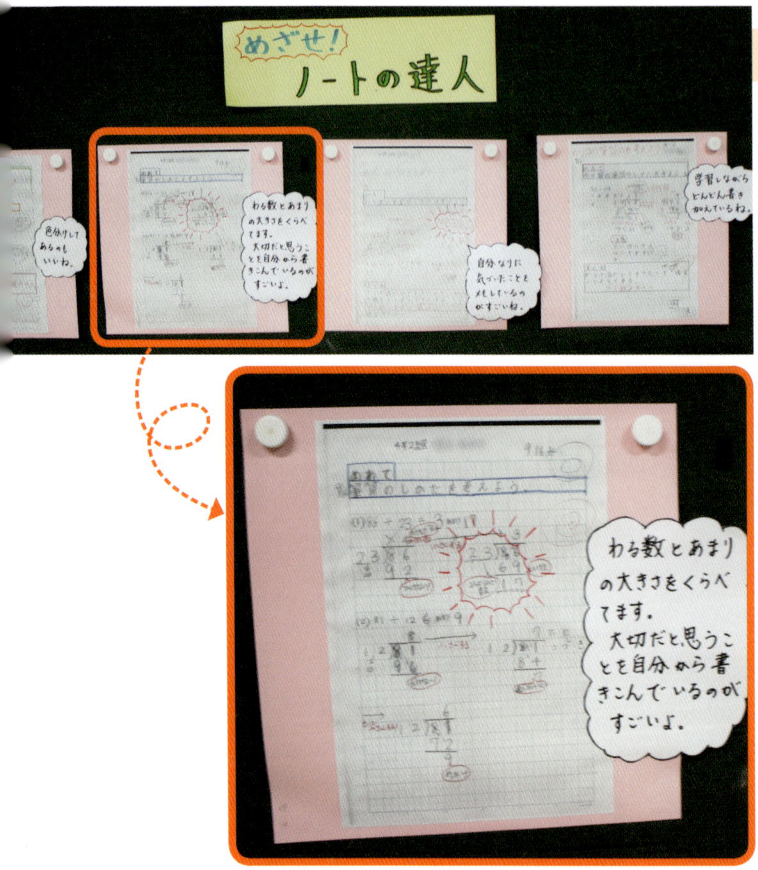

対象学年 1〜6年　掲示場所 背面

「ノートの達人」と題し、子どものノートをカラーコピーして掲示する。どこが良いのかをはっきり指摘すると、それを見る子どもたちが学びやすくなり、達人に選ばれた子どもも良いところを自覚できる。お互いを認め合う関係づくりの助けにもなる。定期的に内容を更新することで、新鮮さを保つようにする。

現場からのアドバイス

互いの作成物から学ぶことは、理科の観察カードや社会科の新聞づくりでも同様です。子どもからのコメントをつけると、学び合いはさらに深まります。

ここがポイント

評価基準をしっかりと

1学期では、ていねいな字・色分け・行間など、見やすいことを評価。2学期以降では思考や授業の流れがわかり、自分や他の人の意見が記入されていることなどを評価していきます。教師が段階別の評価基準をしっかりもつことが大切です。

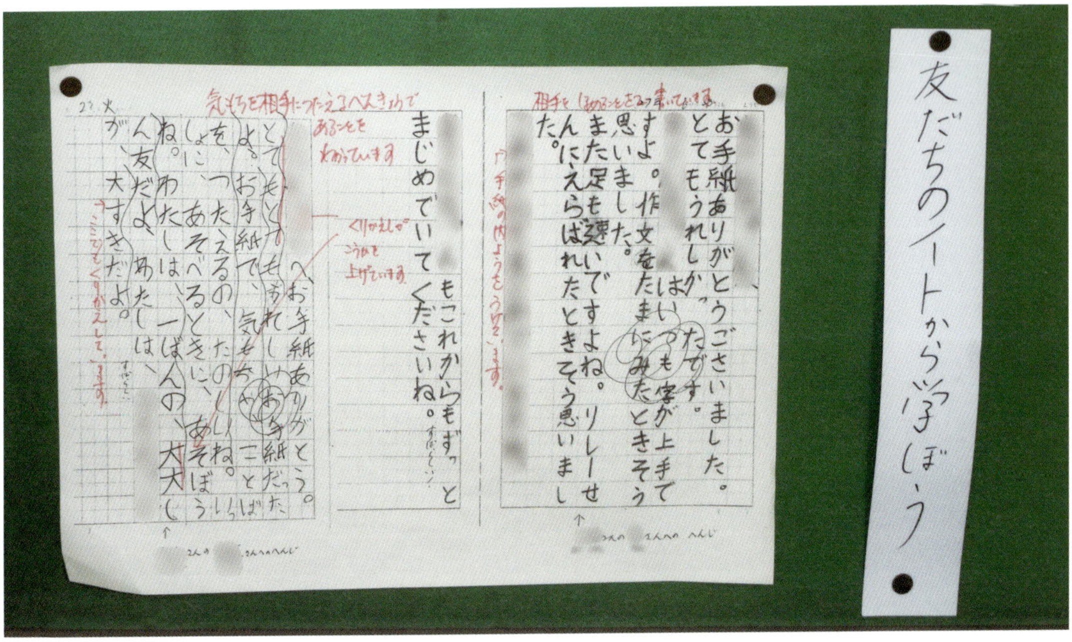

対象学年 2年
掲示場所 背面、側面、廊下側

授業のねらいを十分把握した子どものノートのコピーを掲示する。そのノートのどこが良いのか、ポイントとなる点を教師が赤字で示す。ノートのコピーは教師が保管し、次の学年などでも良いノートの例として活用する。

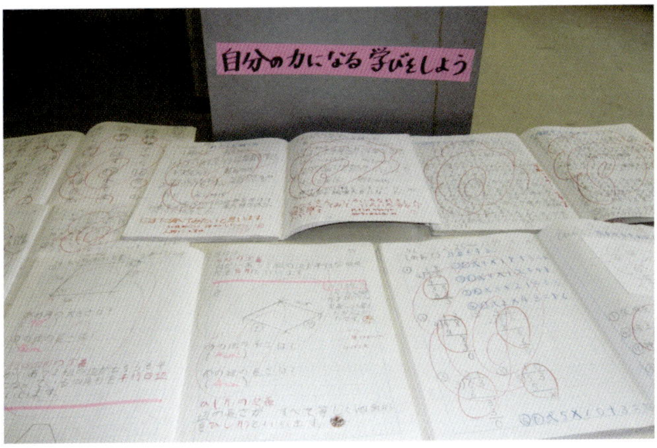

対象学年 4年　**掲示場所** 共有スペース

「自分の力となる学びをしよう」と呼びかけ、毎日の宿題ノート、自主学習ノート、授業ノートなどの添削を終えたあと、すぐに該当ページを開いた形で実物を掲示する。コメントだけでなく話をしたり学級便りに載せたりする。

ここがポイント

手にとって学べる良さ

毎日誰のノートが掲示されるか子どもたちも楽しみにし、テーブルに並べた実物を手にとって良い部分を吸収しようとします。手間もかからず、効果が高い掲示です。

現場からのアドバイス

紹介されなかった子どもも、次は自分のノートが紹介されるように頑張る意欲づけにもなっています。

友達と互いの作品を評価し合える

図工作品の掲示①

対象学年
1～6年

KEY POINT それぞれが引き立て合う配置を選び、全体の調和も図る

図工作品は名簿順に並べる場合もありますが、作品の色彩や雰囲気を意識しながら配置すると、掲示全体の見ばえがぐっと良くなります。製作した子どもの心が伝わるような解説文を添えましょう。

対象学年 1年　掲示場所 廊下側

さまざまな色で丸を描いてから紙をちぎり、台紙に貼った絵の具の初期指導の作品。カラフルな台紙を用意して子どもに選ばせ、出来上がった作品を教師がバランスよく配置する。掲示を美しくすることで子どもは喜びや満足感を味わえ、鑑賞眼も培われる。

対象学年 2年
掲示場所 廊下側

版画作品のタイトルカードには、作品づくりに使用した毛糸を貼り、楽しかった図工の時間を思い出させるように工夫している。教師が作成するものは、子どもの作品よりもシンプルになるように心がける。

対象学年 4年
掲示場所 廊下側

国語「ごんぎつね」の単元を発展させ、物語の絵を描いたもの。絵を掲示することで他学年に物語を紹介する役割もあるため、名札にはタイトル・説明を書かせ、子どもたちの理解を深める。必ず、教師から良かったところを評価するコメントを添える。さらに、子どもたち同士の相互評価コメントを添えると、互いの頑張りを認め合える場ともなる。

ここがポイント

ローテーションで掲示

スペースの都合で一度にすべての作品を掲示できない場合は、定期的に貼り替えてクラス全員の作品を見せられるようにしましょう。

対象学年 1年　掲示場所 廊下

1年生の図工「はじめての水彩」で製作した作品。シンプルな水玉もようをモチーフにしているので、似た色合いの作品が隣り合わないように配置。画用紙の縦横の線が揃うように、事前にガイドラインの紙テープを貼ると効率よく作業できる。

対象学年 5年
掲示場所 共有スペース

両面ボードに一学年の作品をまとめて共有スペースに掲示。他学年が作品を鑑賞して感想カードを該当学年の廊下に貼ることで、つながりを深める。横からも鑑賞できるボードのため、作品の立体感が十二分に楽しめる。

校内のスペースを有効活用できる

図工作品の掲示②

対象学年
1〜6年

KEY POINT 教室以外の場でも、見て楽しめる掲示の世界をつくる

思いがけないところで図工作品を目にすると、一味違った良さが伝わることもあります。立体物の作品のイメージを生かして貼る・置く・吊り下げるなど、掲示方法にも工夫を凝らして、楽しく鑑賞できる空気をつくりましょう。

現場からのアドバイス
動きをつけた掲示で子どもたちの想像力を刺激します。「わにさんは空も飛べるの?」と驚く1年生もいたほどです。

対象学年 3年　掲示場所 廊下側

動力に輪ゴムを用いた動く工作物を廊下の壁に直接貼った、楽しい掲示。ユーモアのあるタイトルや今にも動き出しそうな立体感で、子どもたちの注目の的に。テーブルに置くより、構造やデザインが見やすい利点もある。

対象学年 3年
掲示場所 廊下側

絵の具の筆使いの学習である「しましまTシャツをつくろう」の作品。掲示で洗濯物のように飾ると単純な作品同士につながりが生まれ、ひとつの大きな作品のような印象に。各作品の個性もわかりやすくなる。

対象学年 1年 掲示場所 窓側

「すてきなぼうし」という単元の成果物。教室外を通る人も見られるように窓側のスペースに掲示した。同時に、自作の帽子をかぶった子どもの写真も教室に掲示し、学級便りに掲載するなど、多角的に鑑賞して楽しめるようにする。

対象学年 1〜6年 掲示場所 下駄箱

多くの人に見てもらえるよう、子どもが毎日通る下駄箱の上や側面を掲示スペースに。タイトルや所属学年などは作品に合わせてカラフルに仕上げる。1枚ずつ立てる方式の掲示が新鮮で、来校者の目にもとまりやすい。

まだある!
掲示のアイデアピックアップ

課外学習がいっそう楽しみになる事前学習の掲示

子どもたちが心待ちにしている課外学習への興味・関心をさらに引き出すためには、期待感をもたせ、学習にも役立つ事前の掲示を行いましょう。

位置関係を地図に記して

地図に学校の位置を記し、移動教室の行き先(日光東照宮)を子どもたちに探させます。位置関係や距離感を把握できるでしょう。

名所や気候などを調べて

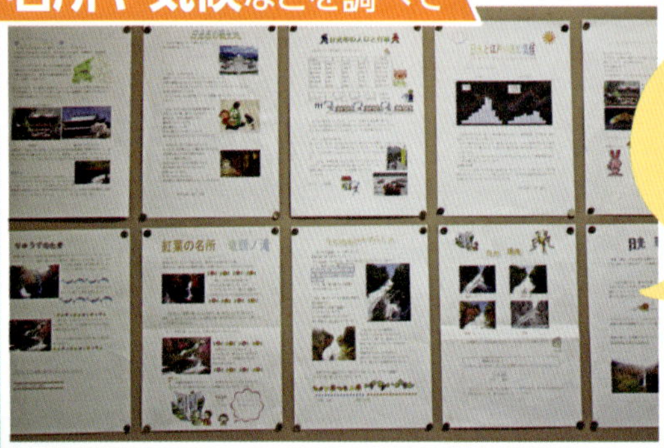

移動教室に向けて行き先の日光を子どもたちが調べた内容をまとめて掲示したもの。名所や気候、地域の行事など、さまざま方向からアプローチさせることで、知識を深められます。

行き先の写真を掲示して

教師が遠足の現地調査をした写真を事前に掲示。子どもたちは想像を膨らませ、いっそう期待をもって遠足にのぞめます。

第5章

子どもの交流を深め、クラスに一体感が生まれる掲示

クラスが一致団結してまとまるためには、
クラスのルールを明確に示すこと、
日ごろから子どもの思いやりの心を育むことが大切です。
コミュニケーションを促す掲示で、相手を認め合い、
評価する機会を設けることで、目的や目標に向かって
互いに協力する行動ができるようになってきます。

ルールを守って生活する姿勢をつくる

クラスの決まりごとの掲示

対象学年
1～6年

KEY POINT 集団生活で大切なことを、はっきりと言葉にして掲げる

多くの人数の中で過ごす学校生活は、コミュニケーションを学ぶ場でもあります。子どもたちが他人に対する心遣いやルールを実生活の中で身につけていけるよう、掲示に意識を向けるとともに、クラスの中で話し合いや振り返りの時間をもちましょう。

対象学年 3年　掲示場所 背面

クラス全員で守るルールを、巻物風の紙に「三の二のおきて」として記した一風変わった掲示。ユーモアがありながらも、簡潔な言葉で書かれているので、「必ず守らなければならないこと」と子どもたちも共感しやすい。

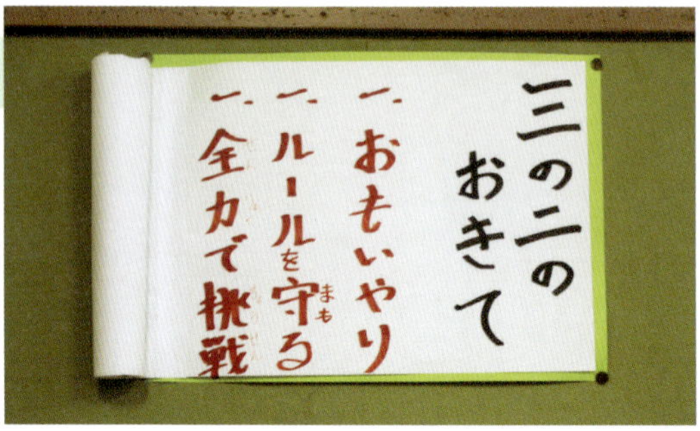

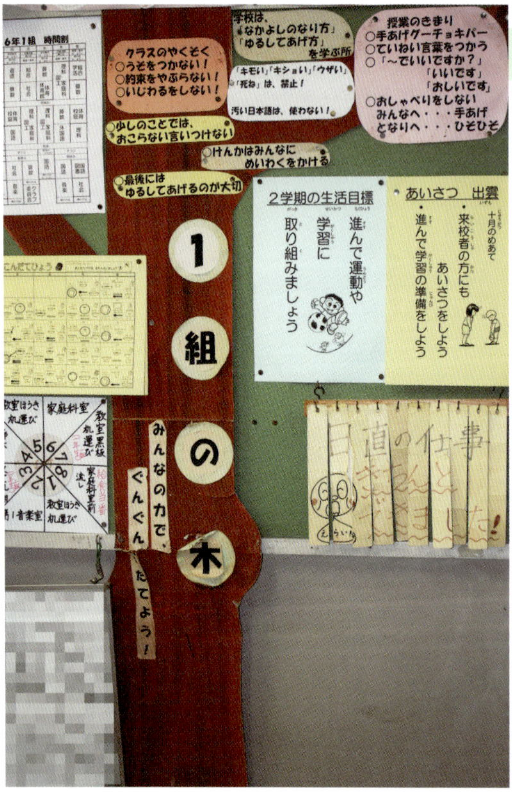

対象学年 6年　掲示場所 前面

クラスの中で守る約束や生活のルールを、具体的な例をあげて掲示する。そのほかの目標とともに一ヶ所に集め、「1組の木」という形にまとめている。常に掲示することでルールを守る意欲を向上させるのがねらい。

現場からのアドバイス

「クラスの決まりごと」の貼りっぱなしはNG。ときどき振り返りを行うことで子どもたちに定着していきます。

目標を意識した行動や振り返りができる

クラス目標の掲示

対象学年
1～6年

KEY POINT　力を合わせて良いクラスをめざす意思を文章化する

どんなクラスにしたいのか具体的な言葉にすると、子どもたちの行動が変わります。年間目標や月間目標などを、子どもたちで自主的に決める時間を設け、定期的に振り返りも行います。子どもからの反省や改善アイデアなどを歓迎すると意欲アップに。

対象学年 3～6年
掲示場所 側面・廊下側

学級目標とは別に、「自分はどんなクラスにしていきたいか」という個人的な考えを一人ひとつ決めて貼り出す。本人が目標と異なる行動をした際は「はじめは○○と思っていたんだよね」と気づかせて反省を促す。

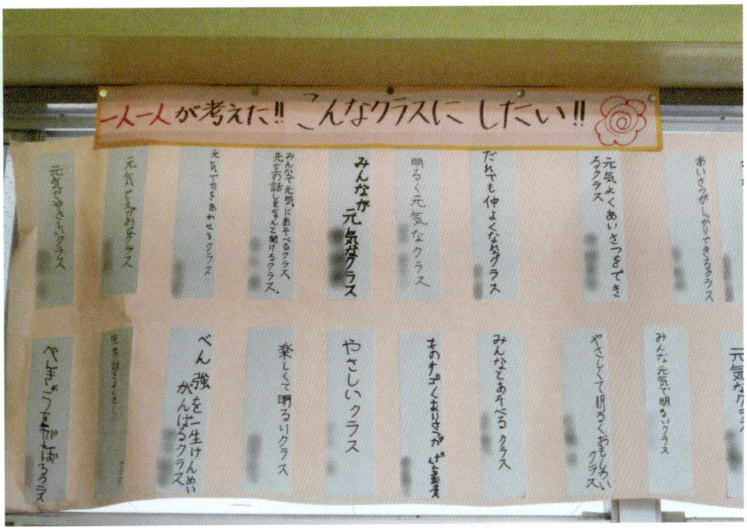

対象学年 2～6年　掲示場所 側面

日直がその日の出来事を記録し、その月の努力目標に近づけた点を記したカードを記入する。目標とカードを月ごとにまとめて掲示し、学年の終わりに1年間の振り返りができるようにする。

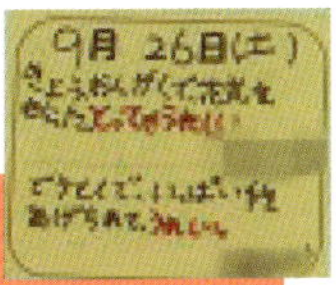

ここがポイント

プラスの言葉は赤字で

「良かった、頑張った、努力した」など前向きな言葉は赤いマジックで記入することとし、「良いこと」に注目するカードとして位置づけます。

思いやりのある行動や言葉選びが身につく

言葉遣いの掲示

対象学年
1〜4年

KEY POINT　「ふわふわ言葉」の愛称を多用し、良い言葉・行動を広げる

自分が言われて嬉しい言葉、してもらって嬉しい行動、またその反対にいやな気持ちになる言葉などを、クラス全員で考えます。掲示するのは、「ふわふわ言葉」「あったか言葉」と言われる良い言葉・行動のみ。日々目に入るようにして、意識づけを。

対象学年　1〜3年
掲示場所　側面

投げかけられた言葉によって、自分の気持ちがどのように変化するかを、まず子どもたちに体感させることが大事。子どもたちからできるだけたくさん「ふわふわ言葉」を引き出し、模造紙に列記して掲示する。また、帰りの会などで子どもたちが発表した「ふわふわ言葉」を順次付け加えていく。

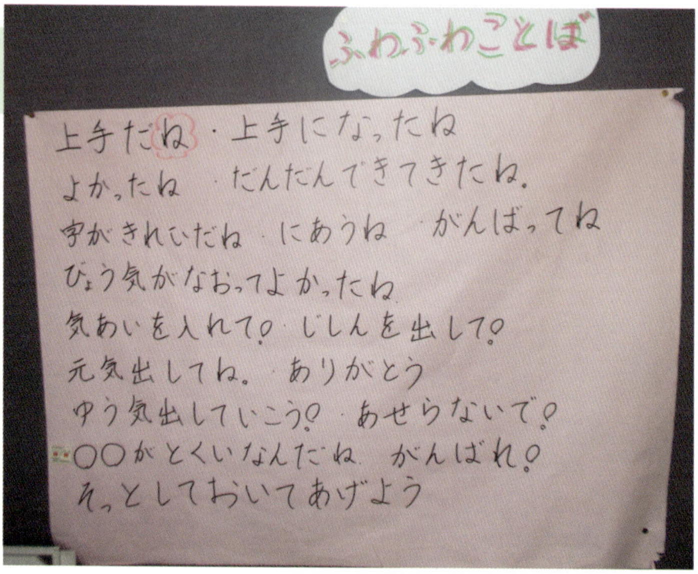

ここがポイント

やわらかいイメージを表現して

掲示は、暖色系のソフトな色使いと、もくもくとした雲・ハートなど、やわらかさを感じさせる形を意識して、あたたかい言葉が教室に広がるイメージに。

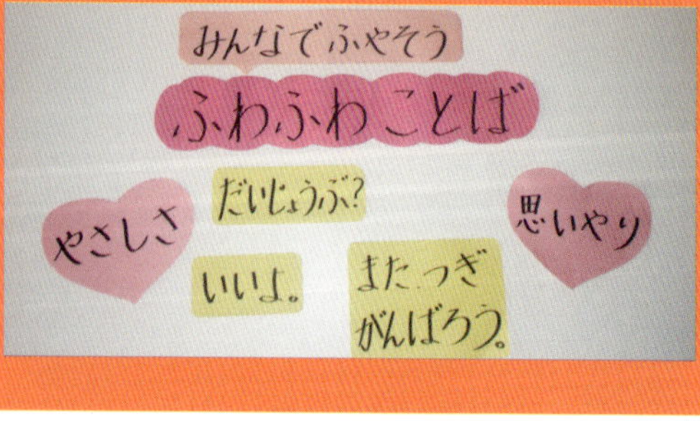

現場からのアドバイス

ひと言で言える言葉、こんなときに言われたら嬉しい言葉など、さまざまなタイプやシチュエーションで「ふわふわ言葉」を考えさせると、コミュニケーション力が伸びていきます。

対象学年 3年　**掲示場所** 前面上部

嬉しい言葉、心があたたかくなる言葉を「あったか言葉」と名づけ、大きめの模造紙にクラス全員でたくさん書き出す。別紙に言われていやな「チクチク言葉」も書き出して封筒に収め、「とじこめた!!」として使わないこととする。インパクトのある掲示で子どもに印象づける。

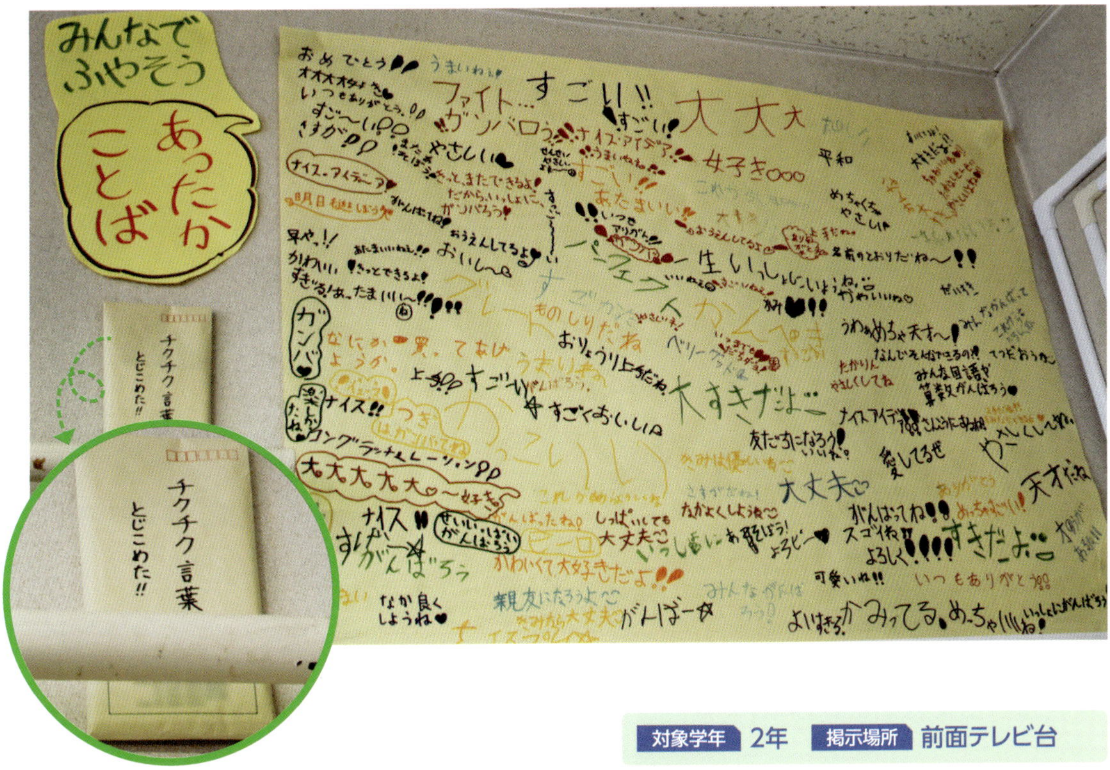

対象学年 4年　**掲示場所** 側面

「あたりまえ」の大切さを話し、日常場面での行動や言葉遣いの具体例を明確に示した掲示。4月は教室環境を整えるのに最適な時期。何度も声かけして、徹底して身につけさせていく。

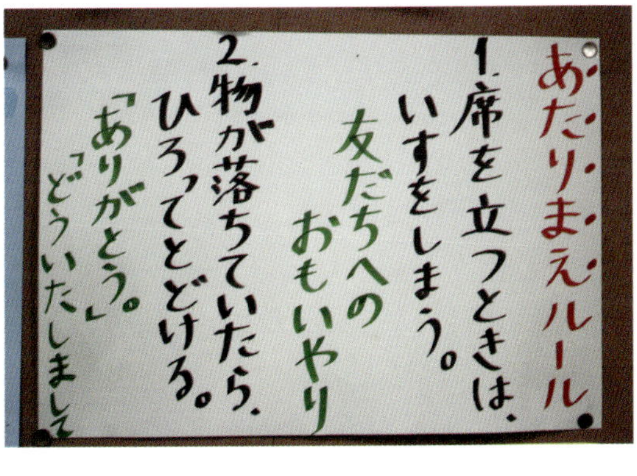

対象学年 2年　**掲示場所** 前面テレビ台

誕生日の子どもにクラス全員で伝える言葉の話型を示したもの。本人への応援の言葉や日頃の感謝を伝える言葉など、言葉のプレゼントを行うことで、他人を思いやる心を育てる掲示。

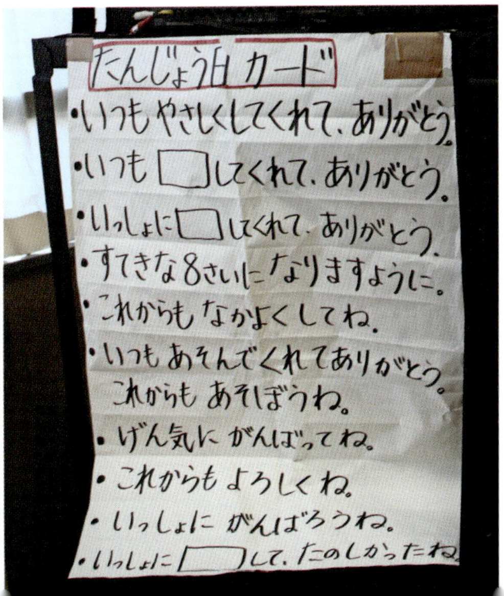

豊かな心の形成を育む

道徳の掲示

対象学年

1〜6年

KEY POINT 感じたこと・考えたことを言葉に残し、記憶に定着させる

道徳の授業はその時間で完結するものではなく、長く心にとめて自分を成長させることがねらいです。目に見える形で子どもの思いを残す掲示をつくり、くり返し眺められるようにすることで豊かな心を育みます。

対象学年 1〜6年 掲示場所 側面

道徳の授業で思ったことを、おのおのが木の葉の形に切った折り紙に書いて、木の枝に貼っていく掲示。木の葉が増えるにしたがい、一年間の道徳の学びが子どもたちの心を豊かに育んだことを実感できる。

アレンジアイデア 秋は紅葉に

子どもが考えや思いを記す木の葉は、秋には赤や黄色など紅葉のカラーにすると、季節感が出ます。すくすく育つ木に自分たちを重ねることができるでしょう。

対象学年 1〜6年 掲示場所 廊下側

毎回の道徳の授業のあと、ハート形の用紙に子どもが振り返りや感想を書き、掲示物を作成。学習の足跡を残しながら、廊下側に掲示することで現在子どもたちが何を学んでいるか、多くの人にわかるようにする。

目標への意欲を高める

目標の掲示のレイアウト

対象学年
6年

KEY POINT 目標に向かう歩みをビジュアル化し、励みにする掲示に

6年生の一年の間に子どもは心身ともにめざましく成長します。自分の可能性を信じ、目標に向かって努力を続けられるよう、途中経過を追う掲示で、子どもたちの意欲を後押ししましょう。少しずつ目標達成に近づいていることを、子どもが実感できます。

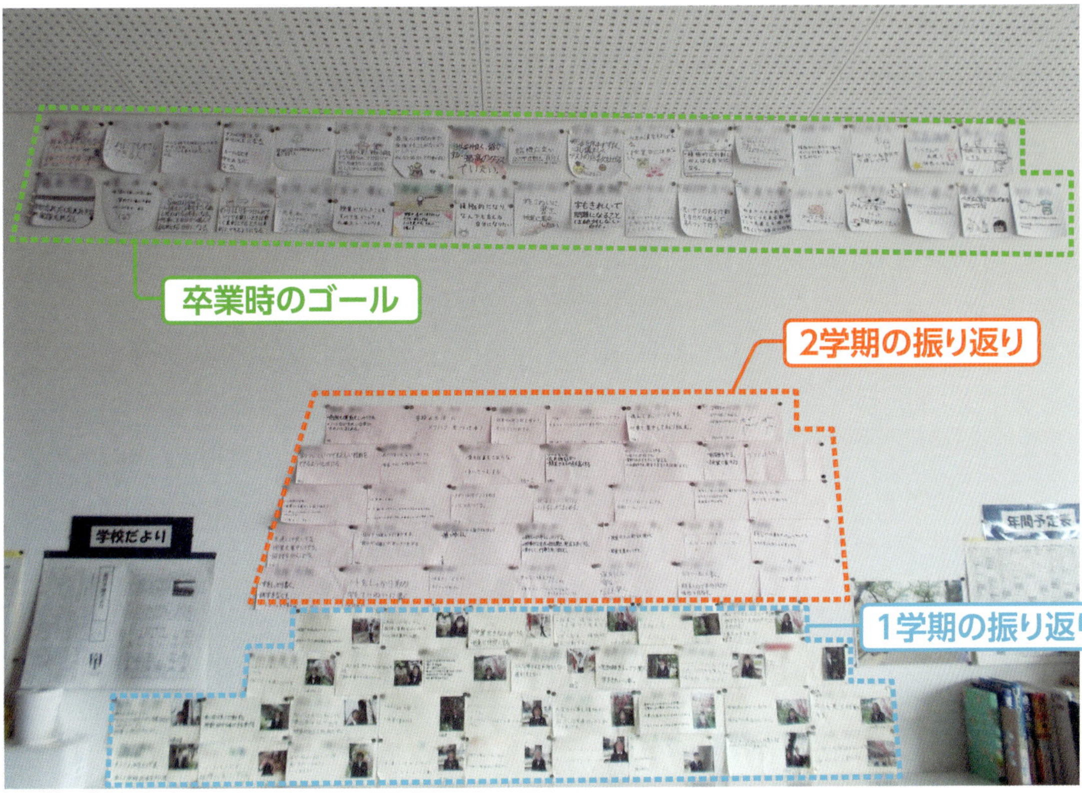

対象学年 6年　掲示場所 背面

6年進級時に、翌年3月の卒業時の理想の自分を考えさせ、「そのために今何をするか」を決めて掲示。毎月簡単に振り返りを書くことで、目標達成のプロセスを自然に検討できるように誘導し、日々の積み重ねがゴールに到達する道であることを意識させる。

つくり方

❶4月に各自の写真を撮影して貼ったカードを掲示の一番下に、卒業時のゴールを書いたカードを一番上に貼る。
❷毎月、目標の隣に簡単な振り返り(○・△・×など)を書かせ、1学期、2学期、3学期と山の形に積み上げていく。
❸翌年3月の卒業時にも各自のゴールした姿を撮影し、掲示物と一緒に返却する。

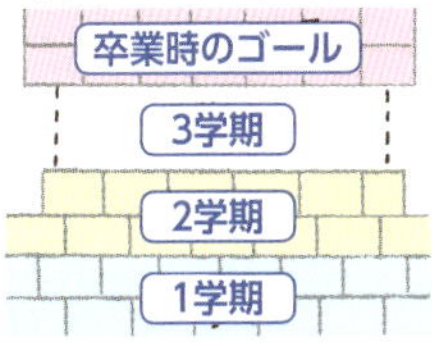

互いを尊重して認め合える

良い行いを見つける掲示

対象学年
1～6年

KEY POINT クラスの中で良い行動が増えるのを、目で見て喜び合える掲示に

個人として、また学級集団として、相手の良さを認め合えれば、意識的に良い行動をする習慣が育ちます。花や葉っぱなど子どもが好むシンボルを生かし、良い行いが増えた手応えを感じる掲示を作成しましょう。

対象学年 1～3年　掲示場所 前面

成功した学級イベントや、上手にできた成果物の思い出などを、日付を入れたハートのカードに書いて木の掲示に貼っていく。1年後には、木にたくさんのハートがついて、子どもたちはそれを見て「充実した一年だった」と達成感を感じられる。ハートの台紙は色を変えて貼っていくと、仕上がりがカラフルで華やかになる。

対象学年 4年　掲示場所 共有スペース

折り紙で花をつくり、常時掲示の木に貼れるように用意しておき、子どもたちが自由に「友達の頑張ったところ、思いやりのある行動」を書いて貼っていく。お互いの良さを見つけて認め合い、学級集団としての高まりをめざすため、帰りの会でも内容を紹介する。

アレンジアイデア

紙の形はバリエーションを

折り紙の花は、季節の花や木の実など変化をもたせると、子どもたちは「たくさん増やそう」と意欲を再燃させます。

対象学年 4年　**掲示場所** 共有スペース

誕生日週の子どもの良いところを一週間かけてクラスみんなで見つけて報告し、教師がコメントを添えてまとめ、プレゼントする。もらった子どもは自尊感情が高まり、周囲も友達のプラス面を見られるようになる。

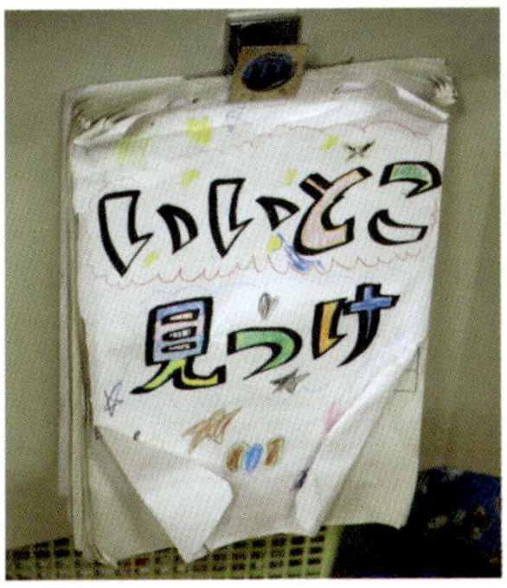

対象学年 3年
掲示場所 背面黒板

誰かが良い行いをすると花が咲くという「花さき山」の物語に寄せて、「3-1の花さき山」と題し、子どもたちの親切な言動、クラスで成功したことなどを教師が記録した花を掲示。道徳の授業の振り返りにも。

ここがポイント

物語のイメージを反映して

道徳で読んだ物語のイメージに合わせ、花の形のカードや、登場人物のイラストのコピーを添えることで、印象深い掲示になります。

対象学年 2年　**掲示場所** 背面黒板

帰りの会で子どもが発表する「今日のキラキラさん」（良い行いをした人やできごと）を教師が記録し、メモを台紙に貼っていく。メモがだんだんクラス名（2－2）の形に近づいていく楽しさが意欲につながる。

豊かな人間関係をつくる

他学年・外部との交流の掲示

対象学年

1～6年

KEY POINT　誰が・誰に・どんなことを伝えるかを明確な掲示にする

学校生活の中では、クラスメート以外との交流は案外少ないものです。他学年の子どもや、学校で働く人との貴重な交流の体験を楽しい記録として掲示に残し、そこで得た学びや豊かな経験を、より意味あるものにしましょう。

対象学年　6年
掲示場所　側面

4年生との交流授業の感想やお礼の手紙を1枚ずつ台紙に貼って掲示。掲示のタイトルは紙を丸めて画びょうでとめ、立体的に見せている。手紙を受け取った6年生は、自身の行動が下の学年の役に立ったことを実感できる。

ここがポイント

班ごとにまとめて見やすく

交流活動をしたときの班ごとに手紙を分け、レイアウトをすっきりとまとめて掲示することで、子どもが自分の班の手紙をすぐに見つけられるようにする。

対象学年　1年　掲示場所　側面

新入生の1学期は学校環境に慣れず、とまどいも多い時期。学校で働く人々との交流会を催した場合は、その記録を掲示し、形に残すことでその後の人間関係形成に役立てたい。写真のように、自筆の手紙を掲示するとあたたかみや親密感を感じられる。

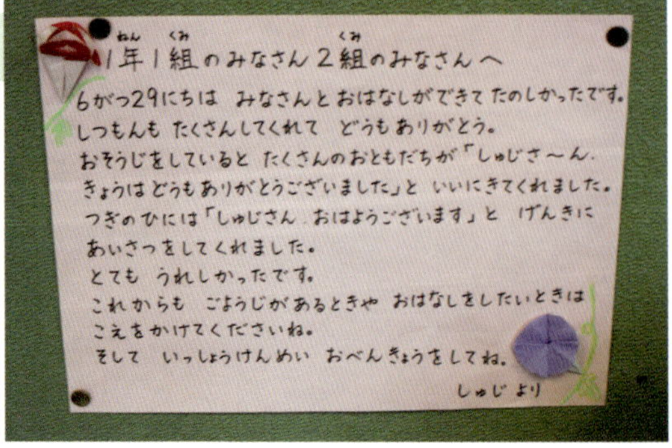

対象学年 1年 掲示場所 体育館前の廊下

学校を支えてきてくれた6年生に贈る言葉の掲示。カラフルなハートの折り紙にひと言メッセージを書いた。送り出す実感や感謝の気持ちを育むため、3月の月初めに卒業式練習で通る体育館の廊下に貼り出す。

対象学年 低学年 掲示場所 側面

地域のお年寄りをクラスに招く「ふれあい活動」の際、教室を飾った掲示物。輪飾り、イラスト、折り紙など、歓迎の気持ちを表すものを子どもが作成し、外部の人を敬う意識を高める。

現場からのアドバイス

「ふれあい活動」では、工作が苦手な子どもはスピーチ役になるなど、得手不得手を配慮して係を決めましょう。

行事や活動への意欲を高める

賞状・MVPの掲示

対象学年
1〜6年

KEY POINT もらうのが誇らしくなる賞状で、さらなる意欲を高める

クラスみんなで頑張ったことや友達の良い行動などを評価する場面で、りっぱな賞状を与えると、子どもたちの自尊感情や活動意欲は大いに高まります。努力する原動力となるようなごほうびや賞状を用意しましょう。

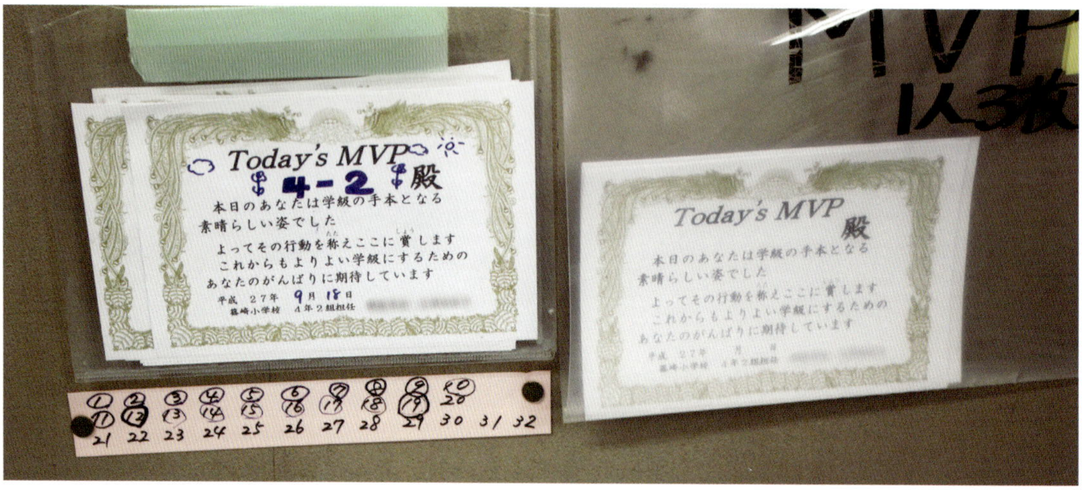

対象学年 4年　掲示場所 側面

日直が「今日のMVP」を選出し、表彰状をためていく。クラスMVPが一定数貯まるとお楽しみ会を開催するなどのごほうびを設ける。友達の頑張りをお互いに認め合い、人間関係を深められる。

ここがポイント

幅広く着眼点を指導する

テスト100点、リレーで勝利などわかりやすい賞ばかりでなく、人の多様な良さに目を向けるきっかけとなるよう指導します。

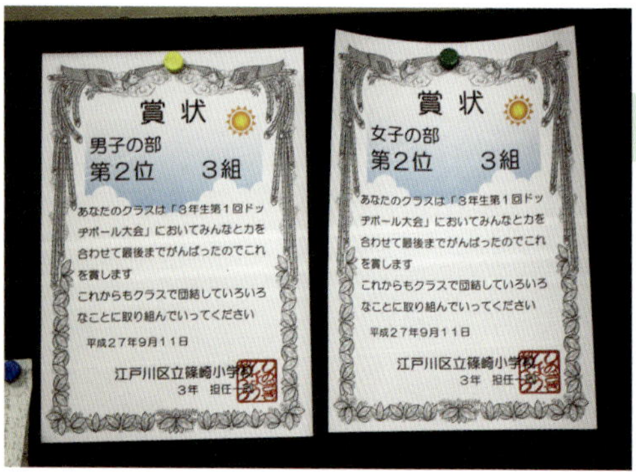

対象学年 3年　掲示場所 背面

学年ドッジボール大会の表彰状を作成し、掲示したもの。賞状らしいデザイン、言葉遣いにするのがポイント。子どもは賞状で成果を実感し、活動における意欲・関心・興味を高め、励みにすることができる。

クラスで協力して目標を達成できる

花まるを集める掲示

対象学年 1〜6年

KEY POINT みんなの頑張りを目に見える花まるに変えて、モチベーションアップ

子どもは花まるが大好き。一人の頑張りではなく、クラス全員で協力して獲得するものとなれば、意気が上がります。お楽しみのゴールをめざして、子ども同士が毎日励まし合うでしょう。

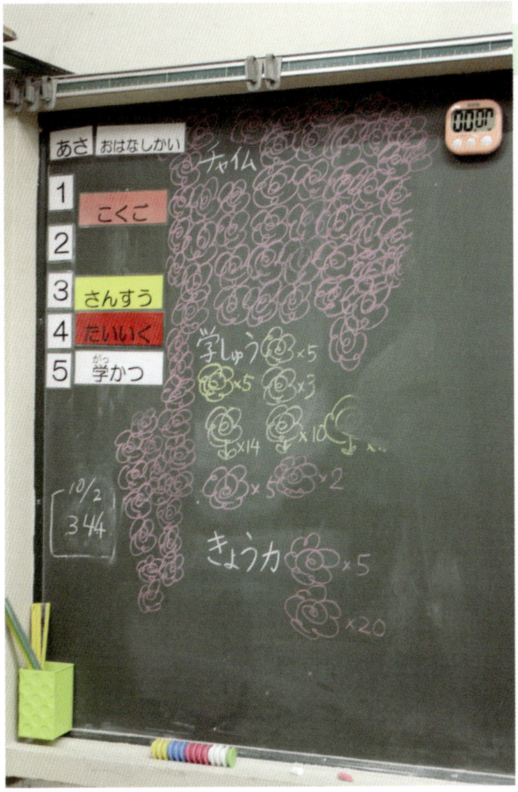

対象学年 4年 掲示場所 前面・黒板

「チャイム着席」「宿題提出」「協力」など、項目別に花まるを黒板に貯める。避難訓練など大きな課題や、小さな花まるを50個貯めたら大きな花まるを貼り出すなど、ランクが上がる醍醐味を見せて意欲を上げる。

対象学年 2年 掲示場所 背面

「クラス遊び」というごほうびをめざし、子どもたちが協力し合い、花まる獲得に頑張って取り組む。ホワイトボードに描くだけの簡単さだが効果は十分。知らず知らずのうちにクラスの結束力が高まっていく。

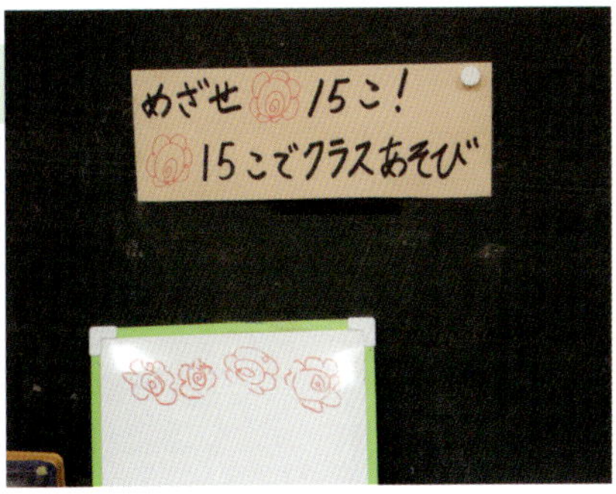

ゲーム感覚で友達とコミュニケーションがとれる

「しつもんくじ」の掲示

対象学年
1～3年

KEY POINT くじを使うことで会話が弾ませ、コミュニケーションを生む

「友達とどんな話をしていいかわからない」と、とまどう子どもの背中を押してあげるツールとして使えるのが、「しつもんくじ」。くじの答えから互いの共通点に親しみを感じ、会話を楽しみながらコミュニケーションが深められます。

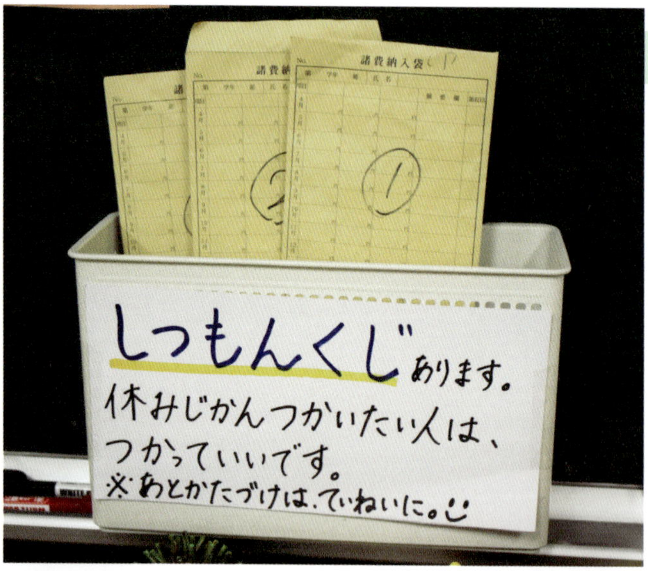

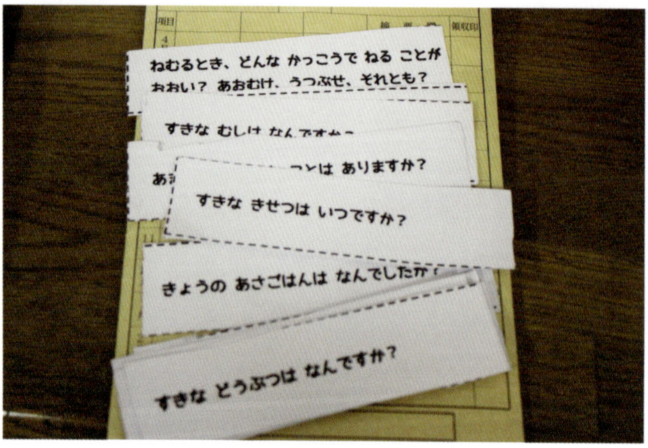

つくり方

❶質問を考え、紙に印刷して、くじをたくさんつくる。
❷封筒を数枚用意し、それぞれに質問を書いたくじを入れる。

対象学年 2年　掲示場所 背面

子ども同士のコミュニケーションを促進するための、休み時間に自由に使えるしつもんくじ。くじに入れる質問の質によって話題の広がり方が決まるので、ユーモアを交えたものや、子どもらしい質問など、バラエティに富んだ内容を用意したい。子どもたちが相手への関心を高め、笑顔になるような話題を提供し、活気のあるクラスの雰囲気づくりに役立てる。

現場からのアドバイス

くじの質問は教師の案だけではなく、子どもの案も加えて。会話の様子から時々くじの内容を見直しましょう。

第6章

子どもにも保護者にも喜ばれる掲示

目標やお便りなどの配布物は、教室の見やすい場所に掲示し、
子どもの目に触れるようにしましょう。
また、授業参観や保護者会は、
保護者が学校に訪れる数少ない機会。
掲示物で子どもの学校生活の様子や成長を伝えたり、
学校の取り組みをアピールしたりするチャンスです。

カテゴリー分けと色使いですっきり見せる

目標やお便りの掲示のレイアウト

対象学年
1〜6年

KEY POINT 明瞭なカテゴリー分けで、混乱のないようにすっきり掲示する

学校生活では、学校、学年、学級、さらに給食、保健など、たくさんの目標やお便りがあります。教室掲示では、子どもがそれらを混同しないよう、台紙の色やレイアウトを工夫して、明確に区分けして見せましょう。

1段目

給食目標、生活目標など
学校全体の目標を

2段目

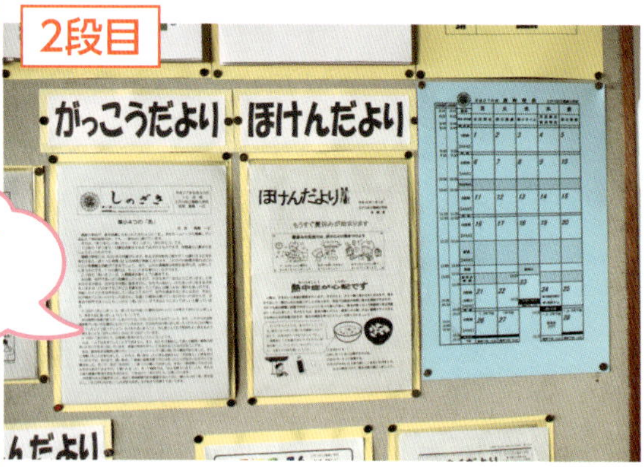

学校便り、保健便りなど
学校全体のお便りを

3段目

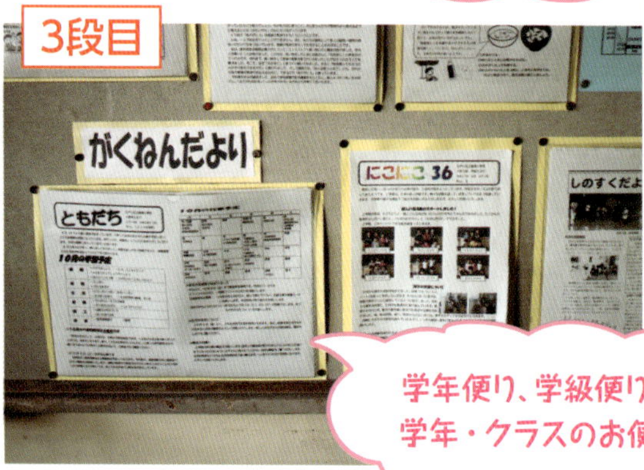

学年便り、学級便りなど
学年・クラスのお便りを

現場からのアドバイス
台紙の色は、学年カラーやクラスのイメージカラーで統一すると、見た目がバラバラにならず統一感が出ます。

対象学年 1年 掲示場所 背面

掲示板を3段に分け、全校目標を上段、全校向けのお便りを中段、学年・クラスのお便りを下段に掲示。大きな文字でタイトルをつけ、カラー台紙をつけることで、しっかりとカテゴリー分けができる。

対象学年　1～6年
掲示場所　職員室前廊下

1～6学年までの学年便りを、職員室前の廊下にすべて掲示したもの。各学年用ファイルを壁に取り付け、中身を順に入れるだけの手間いらずで、入れ替えもラク。学年表示はラミネートで丈夫にして、来校者や他学年の子どもにも見やすい掲示にする。

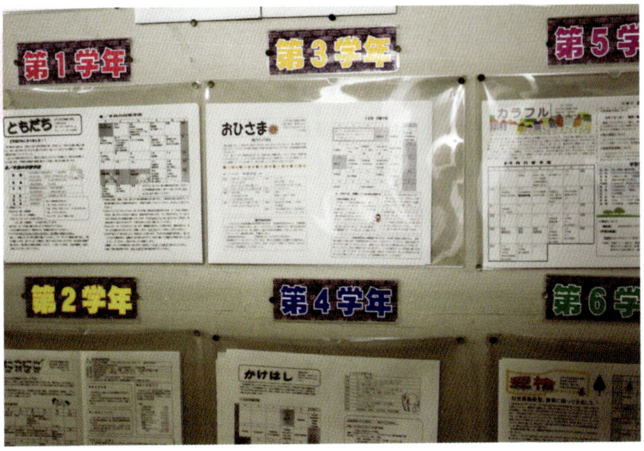

対象学年　6年
掲示場所　黒板横

給食と生活の目標は1年分リングでまとめたものをクリップで吊り下げ、月に一度めくる。今週の目標はクリアポケットに入れ、毎週入れ替える。めくる・入れ替えるだけなど、手間のいらない掲示がポイント。

対象学年　6年
掲示場所　背面

子どもたちが自分で予定を確認できるように、学年便りと学校便りを並べて掲示し、ラミネートで強度を上げている。台紙の色にも配慮し、教室の雰囲気が落ち着くように紺色で統一する。

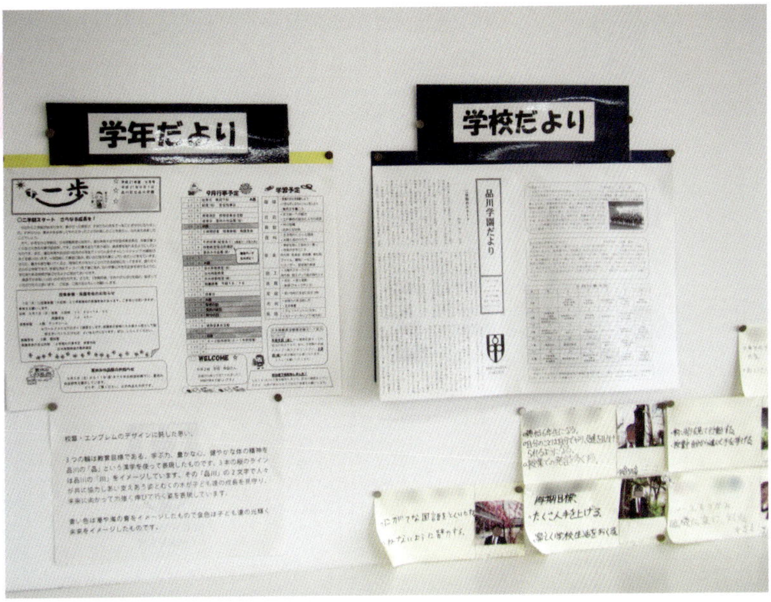

子どもが楽しめ、保護者も安心できる

学級便りの掲示

対象学年

1～6年

KEY POINT 学校生活の様子を伝え、週ごとの予定や持ち物のお知らせも

学校によっては時間割が週ごとに変わることもあるため、特に低学年では学習の進度や持ち物をこまめに保護者に知らせる必要があります。伝えるべき情報がひと目でわかり、学校生活の一コマがいきいきと伝わる紙面にしましょう。

対象学年 4年 **掲示場所** 背面

週に一度発行している学級便りの掲示。内容を説明しながら子どもに配布し、1部は必ず決まった場所に貼ることで、子どもたちがいつでも閲覧できるようにする。掲示する場所は、子どもの目線の位置を意識して、教室内の低めの場所を選ぶ。読みやすい活字や文字の大きさにして、イラストや写真も積極的に盛り込む。

現場からのアドバイス

教室での掲示は、子どもが読みやすい高さにすることが大切です。新しいものを貼り出すときには声かけをしましょう。

ここがポイント

学級便りは成長を伝えるもの

行事予定や連絡事項だけでなく、日々の子どもの活動の様子や成長が読み取れるものにしましょう。学級便りを通して子どもの成長を保護者に理解してもらえると、子どもたちの自信や意欲にもつながります。

対象学年 1年 掲示場所 背面

1週間の予定表（時間割）を掲載した学級便り。現在子どもが学んでいる内容を保護者に伝えるとともに、授業で必要な持ち物の連絡も添える。保護者は学級便りを見て次週の予定の確認や子どもに持たせるものの確認ができて便利。

ここがポイント

忘れ物防止にひと役

忘れ物をしやすい低学年の保護者にとって、学級便りは持ち物連絡の大事なツールです。忙しい保護者のために用意する物は早めにお知らせを。

対象学年 3年 掲示場所 側面

クラスの良いできごとや心に残る発言などを取り上げ、エピソードとともに紹介した学級便り。文章のみのシンプルなつくりだが、具体的な出来事を紹介することで、子どもには友達の前向きな姿勢の学びとして、保護者には日常のクラスの雰囲気や生活の様子を伝えるものとして、双方に喜ばれる掲示になる。

ここがポイント

子どもの言葉は宝物

行事やイベントの紹介以外にも、日常会話やふとした気づきなどを取り入れると、あたたかみのある学級便りになります。程良い文章量を心がけましょう。

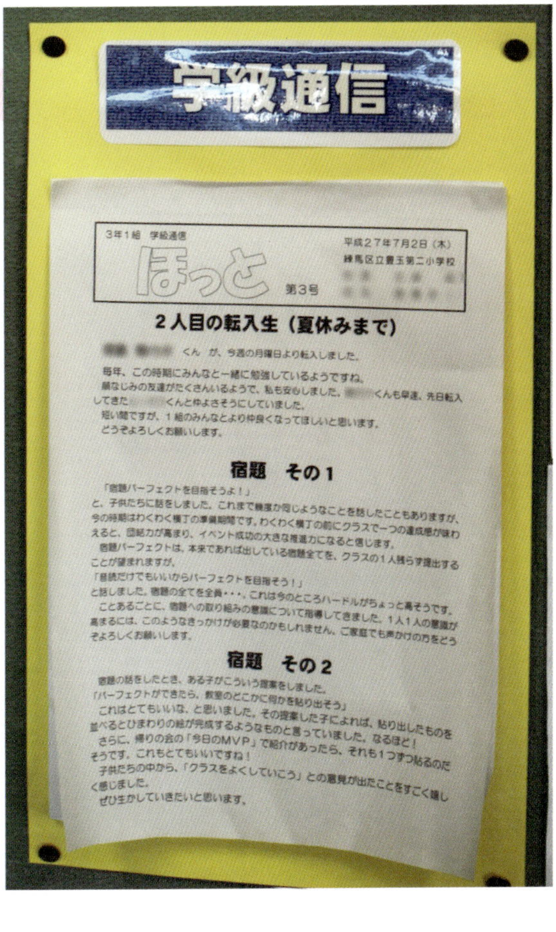

学校生活の様子が保護者や地域に伝わる

情報発信の掲示

対象学年
1～6年

KEY POINT 写真を活用して学校と子どもの様子を伝え、地域と交流を深める

学校は地域の中で成り立つものであり、保護者や地域住民との交流は欠かせません。掲示板での情報発信が活発であれば、周囲からの理解や協力も得られやすくなります。読みたくなる情報発信を心がけ、楽しい掲示スペースにしましょう。

対象　保護者・地域住民
掲示場所　校外掲示板

校外掲示板に月ごとの行事や子どもの活動、給食の様子などの情報発信をするとともに、PTAや地域自治体の活動も報告。校内外全体で子どもたちの成長を見守るという姿勢が感じられる空間に。

現場からのアドバイス

ホームページなどでの情報発信もありますが、アナログの掲示板の評判も上々です。掲示内容はこまめに貼り替えましょう。

掲示板の一部はPTAや地域自治体の活動報告用のスペースとして開放

対　象 保護者・地域住民
掲示場所 校内・イベントスペース

来校者の目に触れやすい場所に掲示している給食の紹介コーナー。季節や行事を意識した献立などをたくさん貼り出し、メニューの多様さを見せる。掲示に使う給食の写真は明るい場所で撮影し、よりおいしそうに見えるようにする。校内でのイベント開催時などには、特に保護者に見てもらえるようにアピールを。

ここがポイント

わかりやすい写真を選ぶ

給食の献立写真であるため、素材がよくわかるもの、行事食など見てわかりやすいものを掲示する。家庭でも取り入れたい、子どもの体に望ましいメニュー提案の一面もあることを意識して。

対　象 保護者・地域住民　**掲示場所** 可動式ボード

周年記念のイベント期間中、学校行事の様子の写真を多数掲示。季節やイベントごとにまとめ、歩きながら掲示を見て、学校の一年の流れを追えるようになっている。可動式ボードを使用すると扱いやすい。

1年生が迷わず教室に行ける

教室案内の掲示

対象学年

1年

KEY POINT 1年生にもわかりやすい色・マークで表示する

入学間もない1年生にとって小学校は広いので、迷子になってしまう子もいます。はっきりした色や親しみやすい動物などを使ったクラスマークを活用して1年生でも自分の教室へすんなりと行けるよう、誘導しましょう。

対象学年 1年
掲示場所 廊下側

入学式のスタンドにつけて使用したお花のマークを活用し、教室の表札の近くに掲示。遠目からでも教室の場所がすぐにわかる。マークが両面になるように筒状になっているため、もともとの土台に引っ掛けるだけの簡単な装着で、取り外しに手間がかからない。

現場からのアドバイス

クラスマークには子どもたちが親しみをもてる絵柄を選びましょう。動物や植物などがおすすめです。

アレンジアイデア

クラスマークをいろいろな場面で活用して

入学当初より使って親しんでいるため、マークがあれば子どもは安心してその場所を使えます。下駄箱、水飲み場、トイレなどの目印に使っても良いでしょう。

対象学年 1年　掲示場所 教室ドア

クラスごとに異なる動物や花、果物など、子どもが好むクラスマークを決め、1年生の教室ドアに貼って、それぞれ自分の教室の目印にする。担任の教師の名前を書いた掲示を貼ってもわかりやすい。

対象学年 1年　掲示場所 教室ドア・廊下側

4月にクラスカラーを決め、教室の前やドアにクラスカラーとクラス番号を示したポールを立てて目印にする。廊下側掲示板にもクラスカラーのフラワーペーパーを飾り、ひと目で自分の教室だと判断できるようにする。

小さな工夫や配慮を大切に

保護者来校時の掲示

対象学年
1～6年

KEY POINT 子どもの日頃の学習や学校生活の頑張りをわかりやすく伝える

保護者会や個人面談などは、保護者にとって普段はなかなかわからない子どもの学校生活を知る貴重な機会です。子どもたちの頑張りや目標に向かって努力しているところ、また子どもらしい元気な姿など、多面的な紹介ができる掲示を心がけましょう。

行事の新聞

夏休みの絵日記

現場からのアドバイス

何の掲示かタイトルをつけ、学習のねらいの解説文も添えて掲示するとわかりやすいでしょう。

対　象 保護者　掲示場所 廊下側

日頃の学習の成果物や行事のレポートなどを教師のコメントとともに掲示し、子どもたちの頑張ったところ、喜んだところなどが保護者に伝わるように配慮する。誤字・脱字などは事前にチェックし、訂正してから掲示をすると良い。

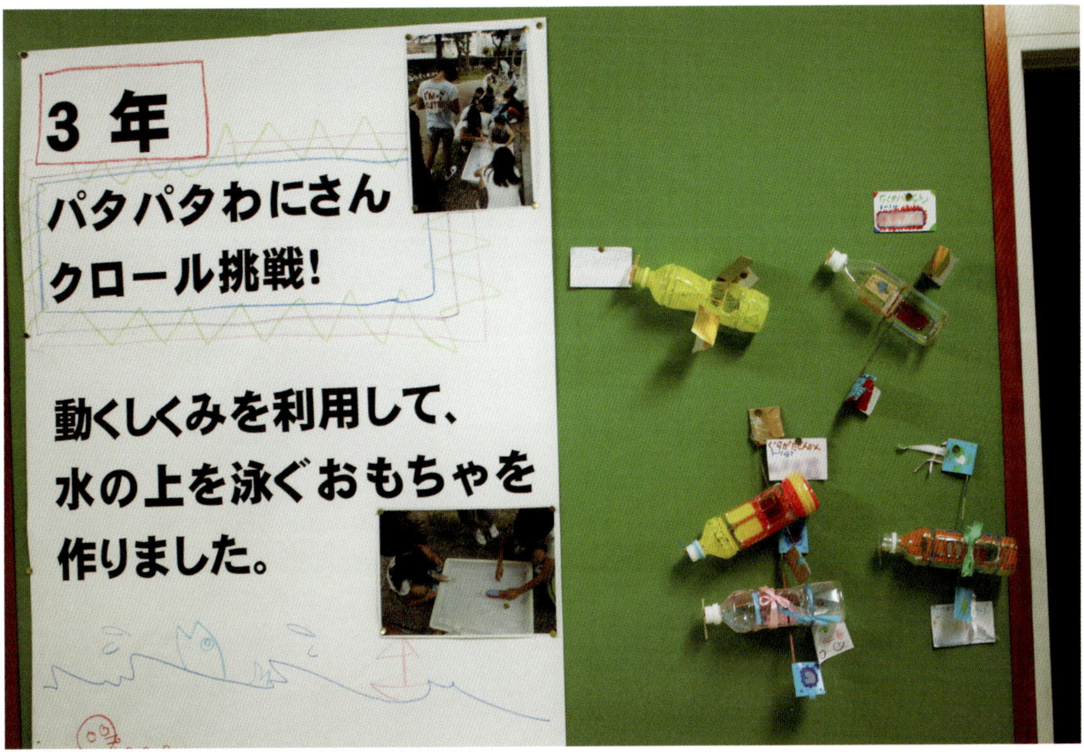

対　象 保護者　掲示場所 廊下側

保護者に向けた作品展示は、作品と一緒に制作風景や手順がわかる写真も一緒に掲示すると、臨場感が伝わってくる。それぞれの作品に、教師や子どもたちからのコメントを添えると楽しんで読んでもらえる。

ここがポイント

破損のチェックを

掲示した作品の破損や汚れなどがないかどうか、全員の作品がちゃんと掲示されているかどうか、事前にチェックしておきましょう。

対　象 保護者
掲示場所 教室ドア

個人面談の際、ドアに保護者へのあいさつと、教室への入り方を示したプリントを掲示。忙しい中、子どものために時間をさいてくれたことへの感謝を述べ、戸惑わずに教室に入れるよう配慮する。こうしたさりげないところでも、掲示を用いて保護者への配慮を欠かさないことが大切。

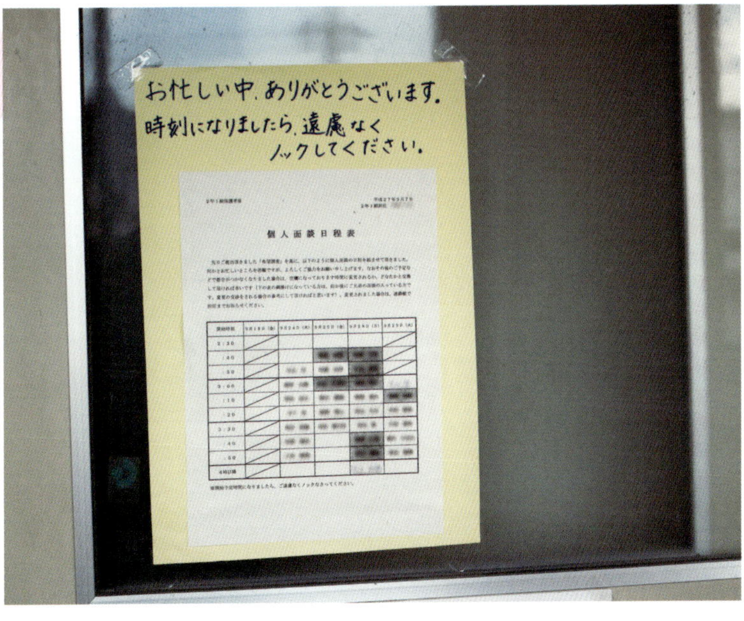

まだある!
掲示のアイデアピックアップ

写真に撮って掲示してもOK! 作品掲示に役立つ工夫

限られたスペースに形や大きさの異なる作品を掲示したい、あるいは作品をなるべく傷つけたくないときなどに役立つ工夫があります。

このように、作品をそのまま直接掲示するのも良いですが……

ネームカードとともに作品を撮影して掲示してもOK。写真を撮ったらすぐに作品を持ち帰れて、掲示のために作品に穴をあけずにすむアイデアです!

作品を撮影して

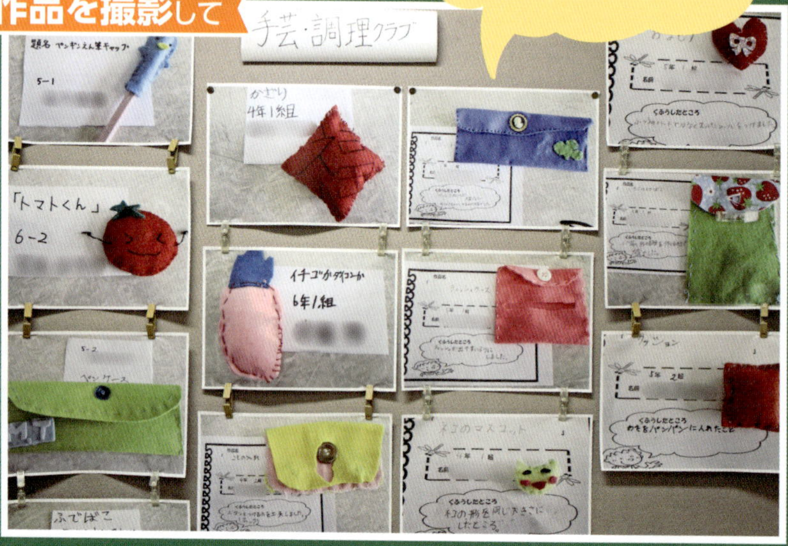

画びょうをずらして刺して

子どもの描いた絵を掲示するときは、作品に穴をあけないように画びょうで上下左右を固定するだけにしましょう。位置を決めたら、下から上の順に画びょうを刺します。

CD-ROMを使う前に

付属のCD-ROMには、各ページのレイアウト見本、テンプレート、文例、イラストのデータが収録されています。レイアウト見本とテンプレートは、Microsoft Office Word（以下「Word」）上で、文字やイラストなどをさしかえることができます。ここでは、CD-ROMを使う前に注意してほしいことを説明します。

ご使用上の注意

本書に関する使用許諾

- 本書に掲載している掲示物、イラスト及び、付属のCD-ROMに収録されたデータの著作権・使用許諾権・商標権は、弊社及び著作権者に帰属します。
- 本書に掲載している掲示物、イラスト及び、付属のCD-ROMに収録されたデータは、営利目的での利用はできません。正規にご購入された個人または、法人・団体が営利目的ではない、私的な目的（学校内での利用や自宅などでの利用）で利用する場合のみ、ご使用できます。
- 付属のCD-ROMのご使用により生じた損害、障害、その他のいかなる事態にも、弊社及びデータ作成者は一切の責任を負いません。

イラストについて

- 付属のCD-ROMに収録されている画像データは、PNG形式で、解像度は300dpiです。
  ※PNG形式は、JPEG形式とほとんど変わりませんが、透過されているので、ほかの画像や文字を組み合わせるときに便利です。ただし、イラストによって、ラインのギザギザが目立つものがありますので、ご了承ください。
- イラストデータは、200%以上に拡大すると、ラインがギザギザする場合がありますので、ご了承ください。
- カラーの掲示物やイラストは、パソコンの環境やプリンタの設定等により、印刷した色調が、本書に掲載している色調と多少異なる場合があります。

動作環境

- 付属のCD-ROMは、下記のパソコンに対応しています。
  Windows Vista、7、8、10
- このCD-ROMは、上記OSが、工場出荷時からインストールされているパソコンを対象としています。
- 収録されているテンプレートは「Microsoft Office Word 2013」で作成し、以下の形式で保存してあります。お使いのOSやアプリケーションのバージョンによっては、レイアウトが崩れる可能性がありますので、あらかじめご了承ください。
  <Windows>
  Word 97-2003 文書

注意事項

- 付属のCD-ROMは、音楽CDではありませんので、オーディオプレーヤーで再生しないでください。
- 付属のCD-ROMの裏面に傷をつけると、データが読み取れなくなる場合がありますので、取り扱いには十分ご注意ください。
- 付属のCD-ROMに収録されているデータについてのサポートは行っておりません。
- 付属のCD-ROMをご使用いただくには、お使いのパソコンにCD-ROMドライブ、またはCD-ROMを読み込めるDVD-ROMドライブが必要です。

テンプレートの使い方

ここでは、テンプレートの使い方を説明します。テンプレートはすべて、ファイル名の最後に「w」がついています。ここでは、Windows7でWord2013を使った手順を紹介します。

※お使いのパソコンの動作環境によって、操作の流れや画面表示が異なる場合がありますが、ご了承ください。

編集してみよう

p139_01w、p143_01wで、操作方法を紹介します。

テンプレートでできること

タイトル

タイトルをクリックすると、画像ボックスが表示され、ほかのタイトル文字にさしかえができます。(→P133)

イラスト

イラストをクリックすると、画像ボックスが表示されます。移動したり、ほかのイラストにさしかえができます。(→P133)

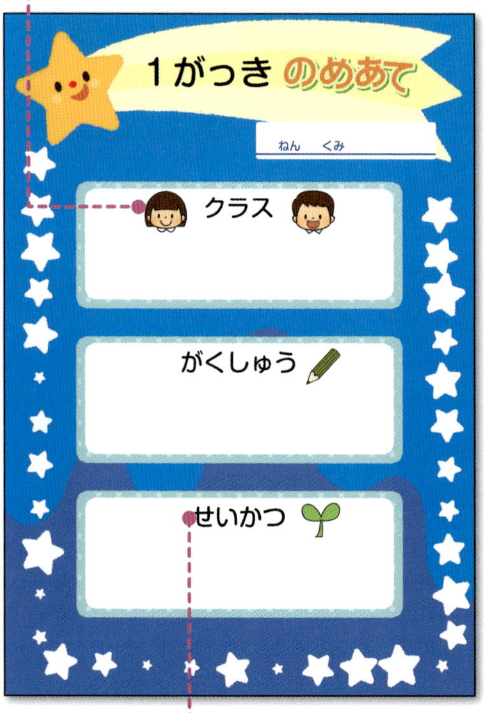

背景やワク

背景やワクをクリックすると、画像ボックスが表示されます。ほかの背景やワクにさしかえができます。(→P133～135)

文字

文字をクリックすると、テキストボックスが表示されます。文字を入力したり、フォントを変えたりすることができます。(→P132)

Word2013の画面を確認

ここでは、Word2013を使った場合の画面の見方を確認しておきましょう。
Word97-2003と違い、「タブ」ごとに「リボン」が表示され、機能が切り替わります。

クイックアクセスツールバー
よく使う機能を登録できます。スムーズに操作ができるように、活用しましょう。

タイトルバー
ファイルのタイトルが表示されます。

リボン
タブごとに、関連した操作一覧が表示されます。

タブ
Wordの機能を、大きくいくつかに分けて表示しています。

ヘルプボタン
Wordの操作でわからないことを、調べることができます。

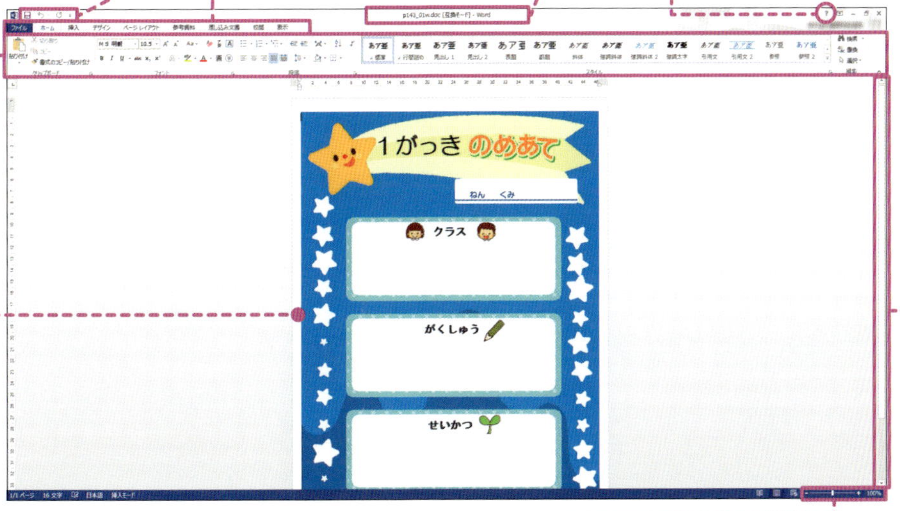

編集画面
文字を編集したり、タイトルやイラストをさしかえたりできます。
(→P132～P135)

ズームスライダー
最小10%から、最大500%まで、画面の表示倍率を変更できます。

スクロールバー
編集画面の全体が表示されていないときに、このバーを上下に動かすと、表示位置を変えられます。左右の場合は、画面下にあるスクロールバーを左右に動かして調整します。

Word97-2003の画面

Word2003まであった下記のメニューバー・ツールバーに代わる機能として、
Word2007以降、上記の「タブ」機能、「リボン」機能が加わりました。

メニューバー

ツールバー

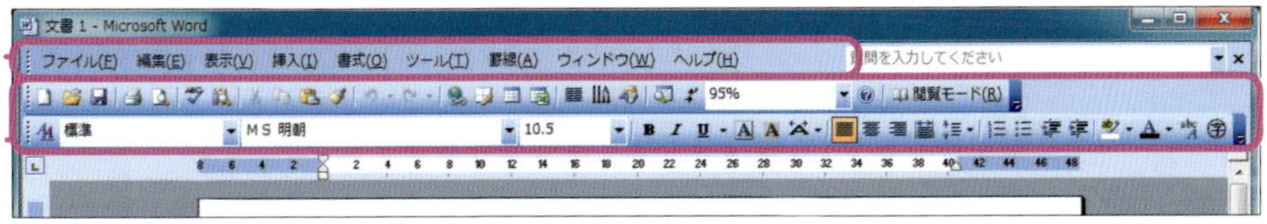

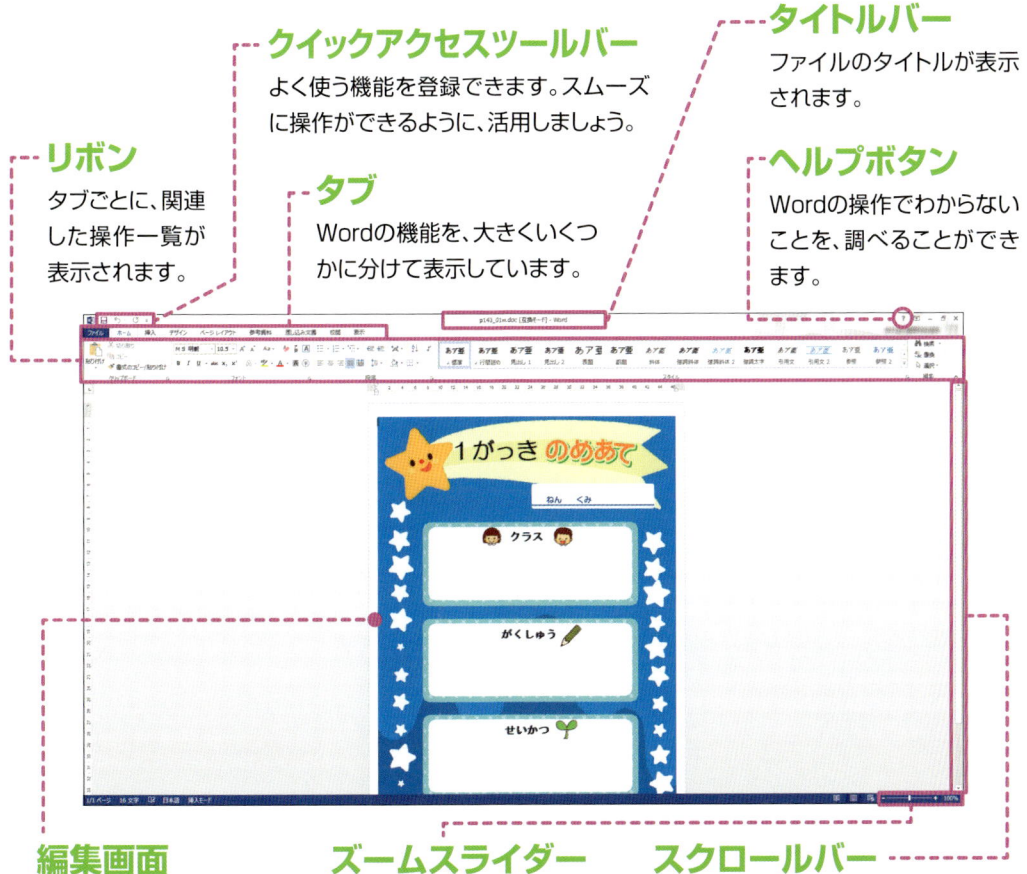

文字を変えてみよう

テキストボックスの見方

文字をクリックすると、下記のように文字の周りにテキストボックス（点線の枠）が出てきます。

ハンドル

拡大縮小に

ハンドルにマウスポインタを合わせると、あのマークが出ます。そこをクリックするといのマークに変わるので、そこをドラッグすると、大きさを変更できます。

カーソル

テキストボックス

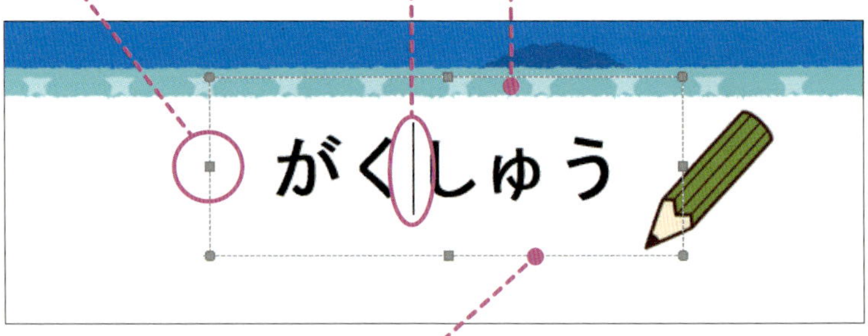

移動のときに

この点線の枠にマウスポインタを合わせると、うのマークが出ます。そのままクリック（え）してドラッグすると（お）、テキストボックスを移動できます。

あ

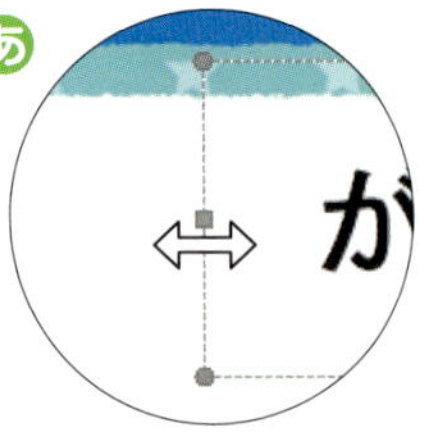

い

クリックすると、
ボックスが消えます。

う

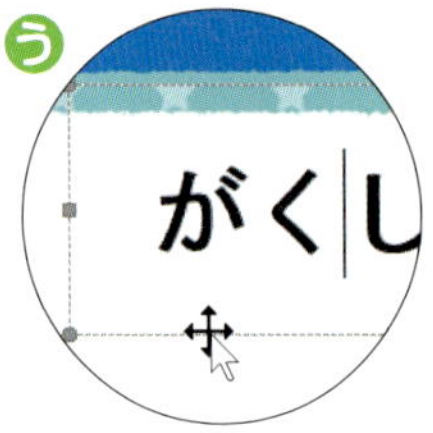

え

クリックすると、
ボックスが消えます。

お

ドラッグすると
移動できます。

書式を変更

「ホーム」タブ内にある操作ボタンで、いろいろな変更ができます。よく使うものを紹介します。

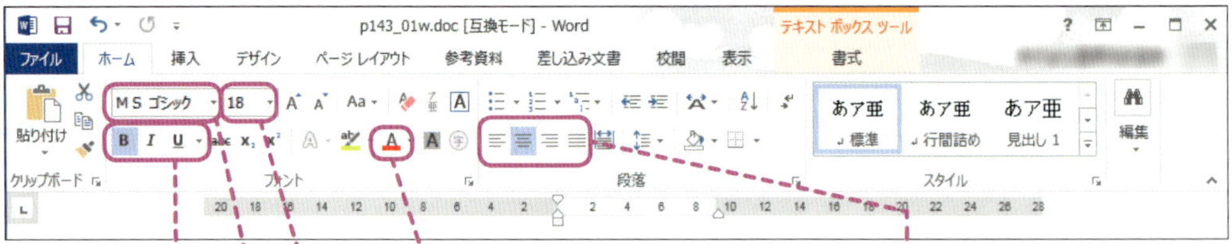

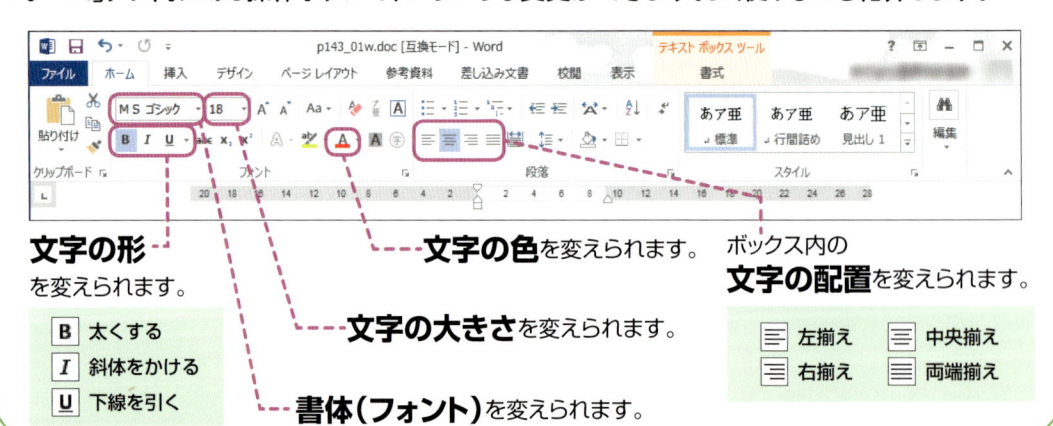

文字の形を変えられます。

- B 太くする
- I 斜体をかける
- U 下線を引く

文字の色を変えられます。

文字の大きさを変えられます。

書体（フォント）を変えられます。

ボックス内の
文字の配置を変えられます。

- 左揃え
- 中央揃え
- 右揃え
- 両端揃え

画像をさしかえてみよう

画像ボックスの見方

画像のさしかえ方法は、タイトル、数字、ワク、カット、背景について同様となります。ここでは、カットとワクを使って説明します。カットをクリックすると、下図のような画像ボックスが出てきます。

回転ハンドル

回転させるときに

回転ハンドルにマウスポインタを合わせると、あのマークが出ます。そのままクリック→ドラッグして（い）、左右に動かすと、回転できます。

あ

い

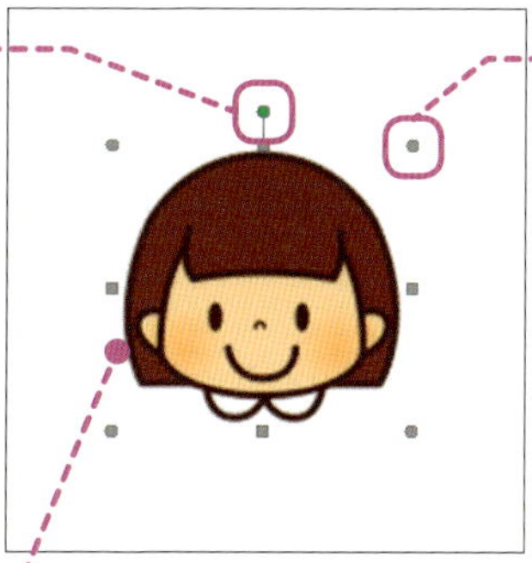

ハンドル

拡大縮小のときに

ハンドルをクリック→ドラッグして動かすと、テキストボックスと同様に、画像を拡大縮小できます。（P132「テキストボックスの見方」参照）

（P132「テキストボックスの見方」参照）

なお、画像ボックスの場合、四隅のハンドルを使って拡大縮小をすると、左右と上下が同じ比率で拡大縮小できます（え）。

移動のときに

画像のどこかをクリックすると、画像ボックスと一緒に、このマークが出ます。このマークをクリック→ドラッグすると（う）、移動できます。

う

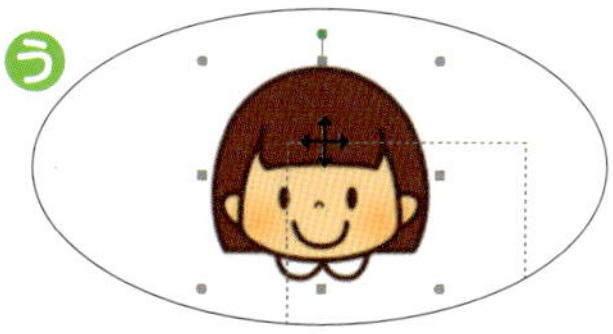

え

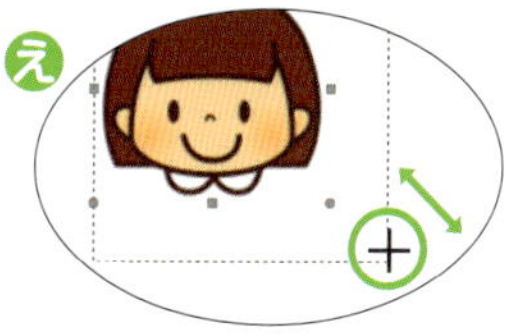

画像のさしかえ

1 変更したい画像を消す

変更したい画像をクリックして、画像ボックスを表示させたら、「ホーム」タブの「切り取り」ボタン（マウスの右クリックからも出ます）をクリックすると消えます。

※文字を削除する要領で、キーボードの「Delete」か「Back Space」キーを押しても消せます。

クリックして選択。

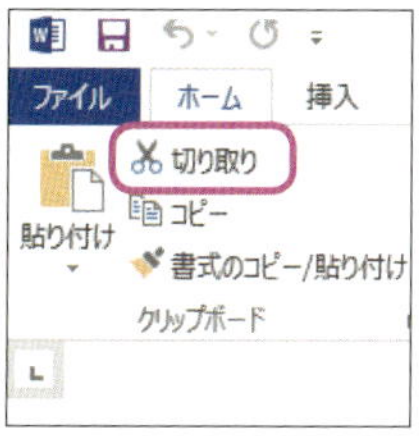

画像を切り取る。

2 さしかえる画像を選んで挿入する

「挿入」タブ→「画像」をクリックすると、ファイルの選択画面が出るので、さしかえたいカットを選びます。「挿入」ボタンを押すと、カットが挿入されます。

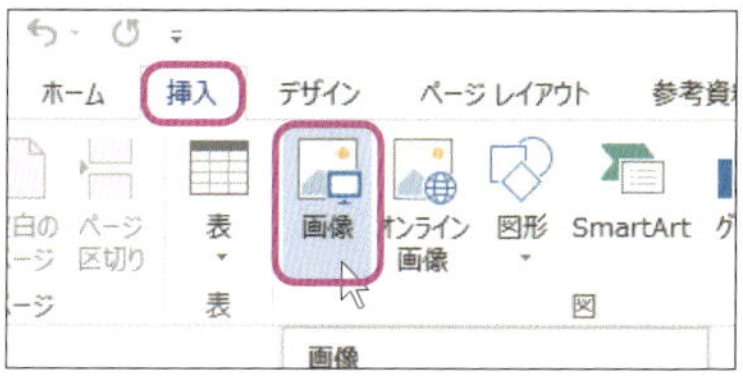

アイコンを画像表示にできます。

下図のように、右側に画像を表示できます。

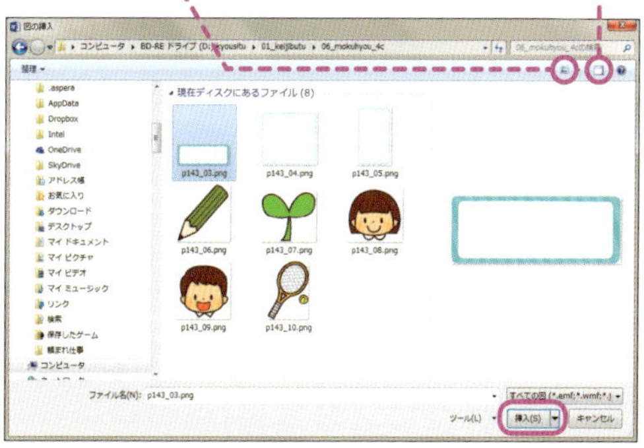

3 挿入された画像を動かせるようにする

挿入した画像は、ページの一番上に配置されます（あ）。このままでは、画像は動かせません。カットを選択して（背景の背面に入ってしまった場合は、一部見えている部分をクリックすれば選択できます）、「書式」タブ→「文字列の折り返し」から、「前面」を選ぶ（い）と画像が動かせるようになります。

※Word97-2003を使う場合は、まず画像を選択し、右クリックで出たメニューから「図の書式設定」を選びます。

あ

い

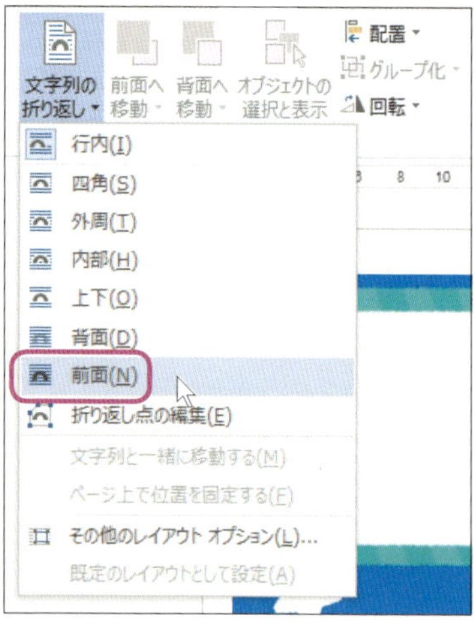

4 ずれを直して配置を調整

3で「前面」を選択すると、一時的に画像がずれることがあります（う）。そういうときは、画像をクリックし、画像を入れたい場所までドラッグします（え）。このとき、画像がテキストボックスの上にのっているので、3と同様にして、「書式」タブ→「文字列の折り返し」から、「背面」を選んで配置を調整します（お）。サイズを調整する場合は、P133の「拡大縮小のときに」の方法で、ハンドルを操作して画像を拡大縮小します（か）。

※画像を選択して、右クリック→「順序」→「最背面に移動」でもできます。画像の上にテキストボックスやイラストなどが複数のるときはこの方法が便利です。

う

え

移動する。

お

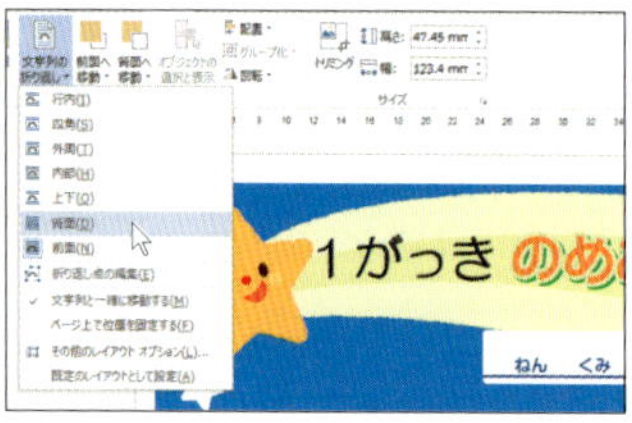

か

拡大縮小して大きさを調節する。

ドラッグして挿入

画像データを、フォルダから直接Wordの画面にドラッグしても、挿入して配置することができます。

画像の数を追加

1 画像とテキストボックスをコピーして追加する

ここでは、画像とテキストボックスを同時に追加します。「Shift」キーを押しながら、画像ボックスとテキストボックスをクリックすると、画像とテキストボックスを同時に選択できます。そのまま、「ホーム」タブ→「コピー」→「貼り付け」で追加します。

画像とテキストボックスを同時に選択する。

コピーして貼り付ける。

2 画像とテキストボックスの大きさを調整する

画像が増えてスペースが狭いときは、上下の幅を縮小するなどして、大きさを調整します。大きさが決まったら、1と同様にして、テキストボックスと画像を同時に選択し、そのままドラッグして位置を調整します。

画像の幅を調整する。

画像の位置を調整する。

背景のさしかえ

ここでは、「p142_01w」を例に紹介します。背景のさしかえも、画像のさしかえとほぼ同様です（→P133）。背景をさしかえることで、のっているワクやイラストの位置がずれてしまったときは、ずれた画像を選択してドラッグし、正しい位置へ移動させます。

さしかえ前

画像が背景の後ろになってしまったら

画像やワクなどが背景の後ろになってしまったときは、背景を選択して、右クリック→「順序」→「最背面へ移動」を選ぶと、背景が一番後ろになります。

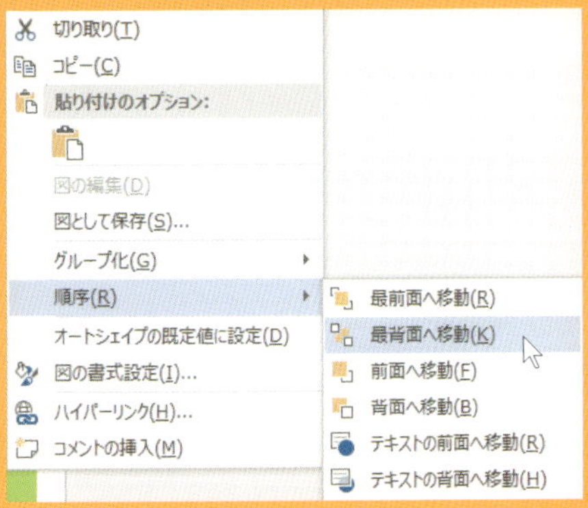

※背景の上にのるワクやイラストを選択して前面にしたいときは「最前面へ移動」を選びます。

データの出力

CD-ROMに収録されている掲示物やイラストカットのデータは、文字やイラストを変更できるテンプレートデータ(.doc)と、そのまま出力して使う画像データ(.png)があります。ここでは、pngデータの出力方法を紹介します。

出力しよう　ここでは、「p148_01」で操作方法を紹介します。

画像を印刷

1 ファイルを開いて印刷を選ぶ

印刷したいpngファイルを選び、右クリック→「印刷」を選びます。

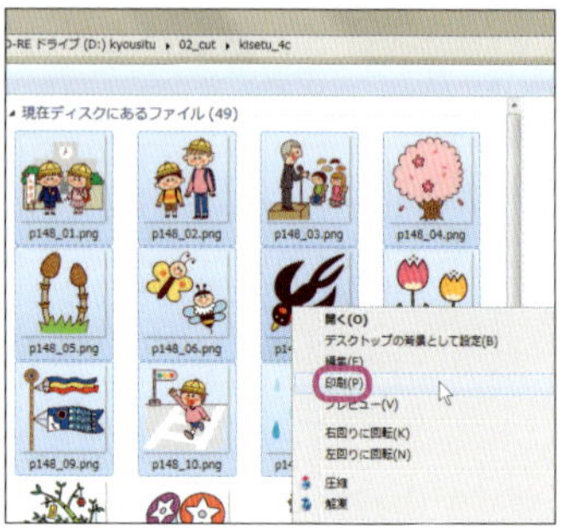

一度に複数の画像を印刷したいときは、「Ctrl」キーを押しながら、印刷したいファイルを選び、右クリック→「印刷」を選ぶ。

2 出力形式を選ぶ

印刷プレビューが表示されるので、確認しながら印刷のサイズやレイアウトを決めます。

プリンタ、用紙サイズが選べます。

印刷イメージが確認できます。

用紙にどのように出力するか選べます。❶で複数の画像を選択した場合は、1枚の用紙に何点の画像を印刷するか選べます。

画像サイズが用紙サイズと違うものは、画像の一部が切れてしまうので、チェックを外しておきます。

印刷部数を選びます。

Wordに貼り付けて印刷

1 Wordファイルに挿入する

pngファイルを開いて印刷するだけだと、決まったサイズでしか出力できません。好きな大きさで印刷したいときは、白紙のWordファイルを開き、「挿入」タブ→「画像」をクリックすると、ファイルの選択画面が出るので、印刷したい画像を選んで「挿入」をクリックします。画像が挿入されたら、角のハンドルを動かして好きな大きさに拡大縮小し、印刷します。

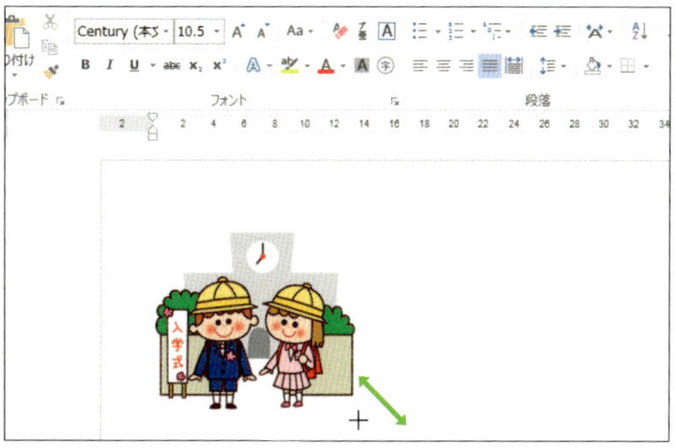

2 画像を並べて印刷する

❶で大きさを調整した画像を複数印刷したいときは、P135と同様に画像をコピーして貼り付けると、一度に複数の画像を並べて印刷できます。また、新たに別の画像を挿入して同時に印刷することもできます。

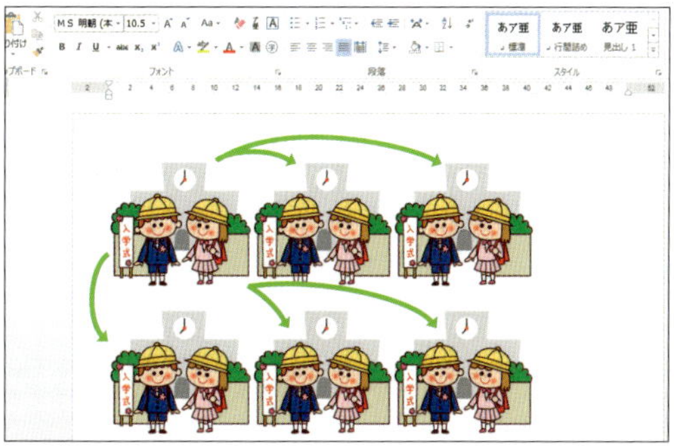

CD-ROMの構成

付属のCD-ROMには、カテゴリフォルダ→項目フォルダの順番で、データを収録しています。

kyousitu

01_keijibutu　教室掲示物

- 01_tanjyou_4c【P138 誕生日カード】
- 01_tanjyou_1c【P138 誕生日カード】
- 02_nicchoku_4c【P139 日直当番表】
- 02_nicchoku_1c【P139 日直当番表】
- 03_kakari_4c【P140 係メンバー表】
- 03_kakari_1c【P140 係メンバー表】
- 04_kyuushoku_4c【P141 給食当番表】
- 04_kyuushoku_1c【P141 給食当番表】
- 05_souji_4c【P142 掃除当番表】
- 05_souji_1c【P142 掃除当番表】
- 06_mokuhyou_4c【P143 めあて・目標】
- 06_mokuhyou_1c【P143 めあて・目標】
- 07_jikan_4c【P144 時間割表】
- 07_jikan_1c【P144 時間割表】
- 08_title【P145 タイトルカード】
- 09_yakudatu【P146 役立つポスター】
- 10_yobikake【P147 よびかけポスター】

02_cut　イラストカット

- kisetu_4c【P148-151 季節と行事】
- kisetu_1c【P148-151 季節と行事】
- gakushuu_4c【P152-155 学習】
- gakushuu_1c【P152-155 学習】
- seikatu_4c【P156-159 生活】
- seikatu_1c【P156-159 生活】

誕生日カード

kyousitu ▶ 01_keijibutu
- 01_tanjyou_4c
- 01_tanjyou_1c

誕生日の子どもの名前や日付を記入して掲示しましょう。

ファイル名 p138_01w

1 数字のさしかえができます

2 ワクのさしかえができます

3 背景のさしかえができます

※このテンプレートはA3サイズで収録されています。

ワク

▶p138_02

▶p138_03

数字

※数字は　　カラー(4C)、　　モノクロ(1C)があります。

数字	カラー(4C)	モノクロ(1C)
1	▶p138_04	▶p138_04
2	▶p138_05	▶p138_05
3	▶p138_06	▶p138_06
4	▶p138_07	▶p138_07
5	▶p138_08	▶p138_08
6	▶p138_09	▶p138_09
7	▶p138_10	▶p138_10
8	▶p138_11	▶p138_11
9	▶p138_12	▶p138_12
10	▶p138_13	▶p138_13
11	▶p138_14	▶p138_14
12	▶p138_15	▶p138_15

背景

▶p138_16

▶p138_17

▶p138_18

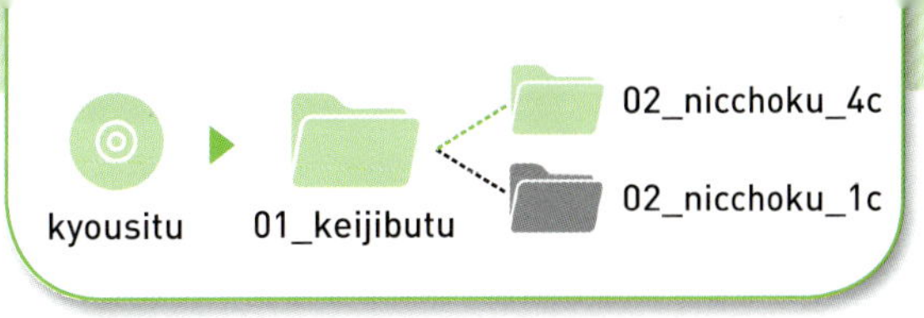
kyousitu
01_keijibutu
02_nicchoku_4c
02_nicchoku_1c

日直当番表

日直の仕事をまとめて掲示できます。

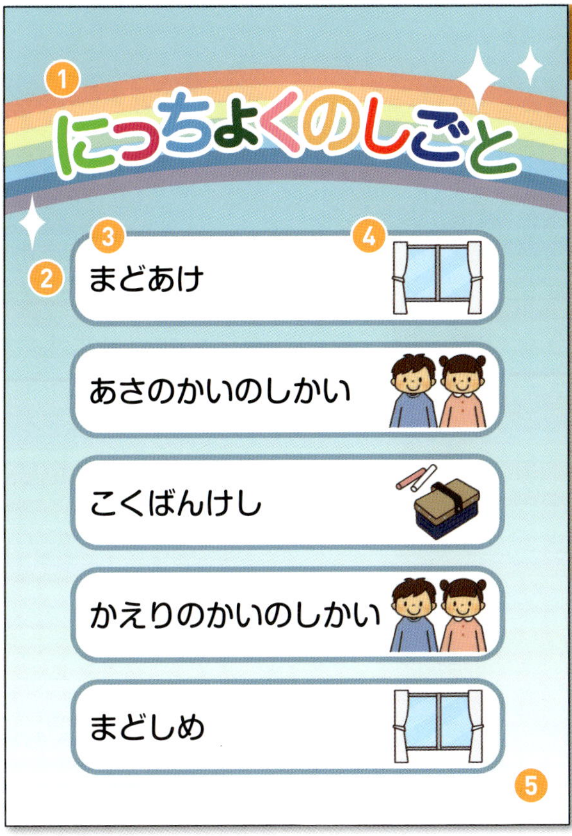
1
にっちょくのしごと
2
3
4
まどあけ
あさのかいのしかい
こくばんけし
かえりのかいのしかい
まどしめ
5

ファイル名 p139_01w

1 タイトルのさしかえができます

2 ワクのさしかえができます

3 文字を入力できます
※お持ちのフォントをお使いください

4 カットのさしかえができます

5 背景のさしかえができます

※このテンプレートはB5サイズで収録されています。

タイトル

日直のしごと

p139_02

日直の仕事

p139_03

ワク

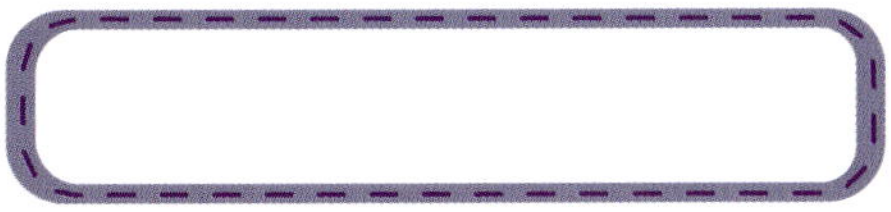

p139_04

p139_05

背景

p139_06

カット

※カットは（　）カラー(4C)、（　）モノクロ(1C)があります。

p139_07
p139_07

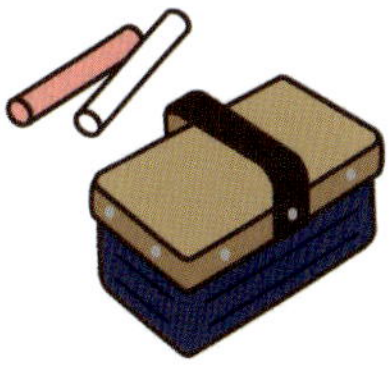

p139_08
p139_08

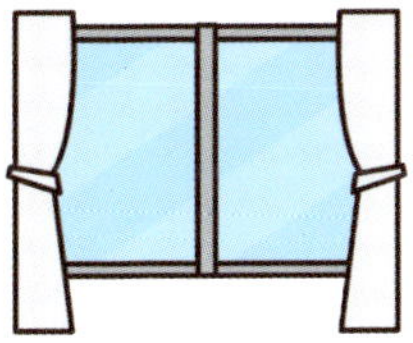

p139_09
p139_09

日誌

p139_10
p139_10

係メンバー表

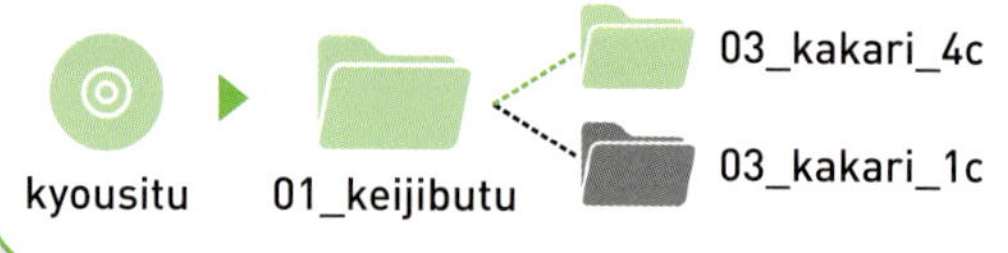
kyousitu
01_keijibutu
03_kakari_4c
03_kakari_1c

係仕事のメンバーや内容を記入して掲示できます。

1
2
3
としょ
かかり
メンバー
ようび
なまえ
ようび
なまえ
やること
ひとこと
4

ファイル名 p140_01w

1 文字を入力できます
※お持ちのフォントをお使いください

2 タイトルのさしかえができます

3 カットのさしかえができます

4 背景のさしかえができます

※このテンプレートはB5サイズで収録されています。

タイトル

▶p140_02

▶p140_03

カット

※カットは（　　）カラー（4C）、（　　）モノクロ（1C）があります。

▶p140_04
▶p140_04

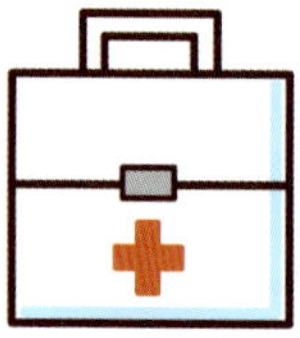

▶p140_05
▶p140_05

▶p140_06
▶p140_06

▶p140_07
▶p140_07

▶p140_08
▶p140_08

▶p140_09
▶p140_09

背景

▶p140_10

▶p140_11

▶p140_12

給食当番表

kyousitu
01_keijibutu
04_kyuushoku_4c
04_kyuushoku_1c

給食当番の班と担当の仕事が確認できる当番表です。

①
きゅうしょくとうばん
②
③
おぼん・しょっき
パン・ごはん
スープ・みそしる
のみもの
MILK
おかず②
おかず①
1
2
3
4
5
6
④

ファイル名 **p141_01w**

1 **タイトル**のさしかえができます

2 **カット**のさしかえができます

3 文字を入力できます
※お持ちのフォントをお使いください

4 **背景**のさしかえができます

※このテンプレートはB5サイズで収録されています。

使い方

「p141_01w」の3〜4ページにある7分割、8分割のワクとさしかえができます。
数字が入った円は、好みの大きさに拡大して使用できます。

❶「p141_01w」の1ページ目と2ページ目を別々に印刷します。
❷番号のワクを丸く切り抜きます。
❸ワクを中心に合わせて画びょうなどでとめます。給食当番のローテーションに合わせてワクを回して使えます。

タイトル

給食当番

p141_02

背景

p141_03

カット

※カットは　カラー（4C）、　モノクロ（1C）があります。

p141_04
p141_04

p141_05
p141_05

p141_06
p141_06

p141_07
p141_07

p141_08
p141_08

MILK

p141_09
p141_09

p141_10
p141_10

p141_11
p141_11

掃除当番表

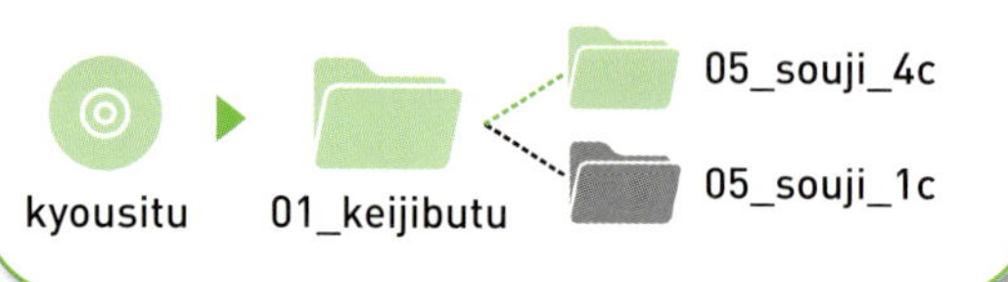
kyousitu
01_keijibutu
05_souji_4c
05_souji_1c

掃除当番の班と担当場所がひと目でわかる当番表です。

1
そうじとうばん
3
2
ゆか
ゆか
ごみ
トイレ
かいだん
つくえ・いす
ろうか
まどわく
4

ファイル名 p142_01w

1 タイトルのさしかえができます

2 カットのさしかえができます

3 文字を入力できます
※お持ちのフォントをお使いください

4 背景のさしかえができます

※このテンプレートはB5サイズで収録されています。

使い方

「p142_01w」の3〜4ページにある6分割、7分割のワクとさしかえができます。
数字が入った円は、好みの大きさに拡大して使用できます。

❶「p142_01w」の1ページ目と2ページ目を別々に印刷します。
❷番号のワクを丸く切り抜きます。
❸ワクを中心に合わせて画びょうなどでとめます。掃除当番のローテーションに合わせてワクを回して使えます。

タイトル

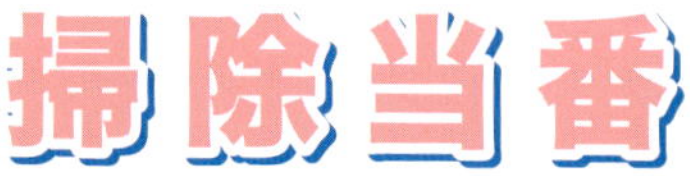
掃除当番

p142_02

背景

p142_03

カット

※カットは カラー(4C)、 モノクロ(1C)があります。

p142_04
p142_04

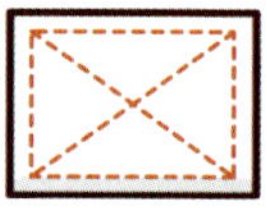

p142_05
p142_05

p142_06
p142_06

p142_07
p142_07

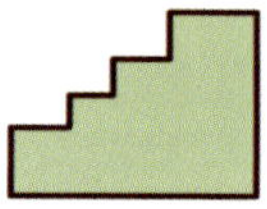

p142_08
p142_08

p142_09
p142_09

p142_10
p142_10

p142_11
p142_11

ごみ

p142_12
p142_12

めあて・目標

kyousitu ▶ 01_keijibutu ▶ 06_mokuhyou_4c / 06_mokuhyou_1c

学期、年間のめあてや目標を記入して掲示できます。

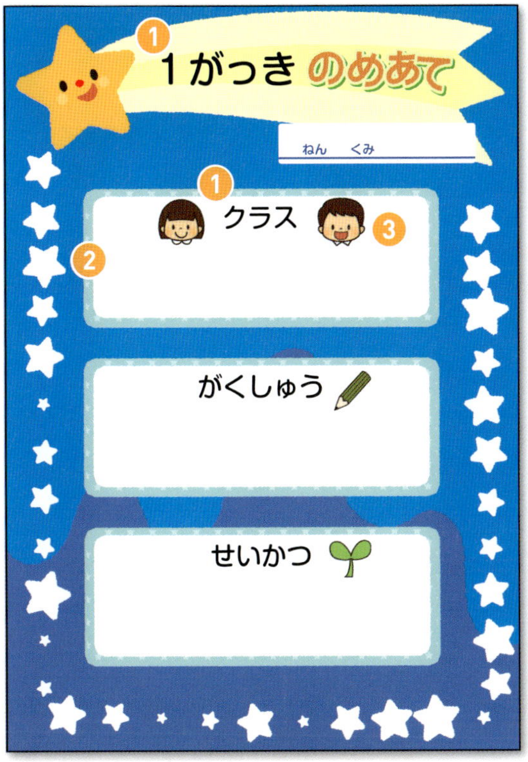

ファイル名 p143_01w

1. 文字を入力できます
   ※お持ちのフォントをお使いください
2. ワクのさしかえができます
3. カットのさしかえができます

※このテンプレートはB5サイズで収録されています。

ファイル名 p143_02w

1. 文字を入力できます
   ※お持ちのフォントをお使いください
2. ワクのさしかえができます
3. カットのさしかえができます

※このテンプレートはB5サイズで収録されています。

ワク

p143_03

p143_04

p143_05

カット

※カットは カラー（4C）、 モノクロ（1C）があります。

p143_06
p143_06

p143_07
p143_07

p143_08
p143_08

p143_09
p143_09

p143_10
p143_10

時間割表

kyousitu ▶ 01_keijibutu
07_jikan_4c
07_jikan_1c

1週間分の時間割を入力して掲示できます。

	月	火	水	木	金	土
1	国語	理科	社会	体育	理科	社会
2	算数	算数	図工	社会	算数	音楽
3	英語	算数	国語	音楽	国語	国語
4	理科	国語	算数	書写	図工	
5	社会	体育	社会	英語	英語	
6	道徳	英語	理科	家庭科	クラブ	

ファイル名 p144_01w

1 タイトルのさしかえができます

2 カットのさしかえができます

3 文字を入力できます
※お持ちのフォントをお使いください

4 背景のさしかえができます

※このテンプレートはB5サイズで収録されています。

タイトル

p144_02

p144_03

背景

p144_04

p144_05

カット

※カットは（ ）カラー(4C)、（ ）モノクロ(1C)があります。

p144_06 p144_06

p144_07 p144_07

p144_08 p144_08

タイトルカード

kyousitu ▶ 01_keijibutu ▶ 08_title

掲示物のタイトルを表示するカードです。
好みの文字を入力できます。

「p145_01w」〜「p145_07w」には文字を入力できます　※お持ちのフォントをお使いください

ファイル名 p145_01w

※このテンプレートはB5の1／3サイズで収録されています。

ファイル名 p145_02w

※このテンプレートはB5の1／3サイズで収録されています。

ファイル名 p145_03w

※このテンプレートはB5の1／3サイズで収録されています。

ファイル名 p145_04w

※このテンプレートはB5の1／3サイズで収録されています。

ファイル名 p145_05w

※このテンプレートはB5の1／3サイズで収録されています。

ファイル名 p145_06w

※このテンプレートはB5の1／3サイズで収録されています。

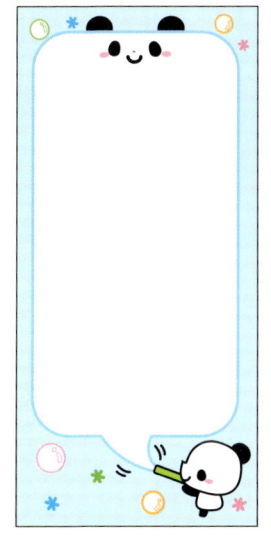

ファイル名 p145_07w

※このテンプレートはB5の1／3サイズで収録されています。

役立つポスター

kyousitu ▶ 01_keijibutu ▶ 09_yakudatu

学習のときに役立つポスターです。そのまま掲示して使えます。

ファイル名 p146_01

※このポスターはB5サイズで収録されています。

こえのものさし
0
だまる
1
となりの人に
聞こえる
ように
2
グループの人に
聞こえる
ように
3
きょうしつの
みんなに
聞こえる
ように

ファイル名 p146_02

※このポスターはB5サイズで収録されています。

すわりかた
●つくえとおなかのあいだはグーひとつ
ぶんあける
●せすじはピンとのばす
●足はゆかにピタッとつける
グー
ピン
ピタ

よびかけポスター

生活での注意をよびかけるポスターです。そのまま掲示して使えます。

ファイル名 p147_01

※このポスターはB5サイズで収録されています。

ファイル名 p147_02

※このポスターはB5サイズで収録されています。

ファイル名 p147_03

※このポスターはB5サイズで収録されています。

カット集

季節と行事

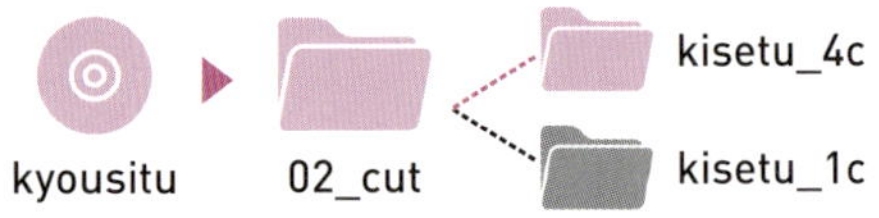
kyousitu
02_cut
kisetu_4c
kisetu_1c

入学式 p148_01 p148_01

入学式

入学・進級 p148_02 p148_02

始業式・終業式 p148_03 p148_03

桜 p148_04 p148_04

つくし p148_05 p148_05

チョウチョとハチ p148_06 p148_06

つばめ p148_07 p148_07

チューリップ p148_08 p148_08

子どもの日 p148_09 p148_09

交通安全教室 p148_10 p148_10

梅雨 p148_11 p148_11

あじさい p148_12 p148_12

※　　　　はカラー(4C)、　　　　はモノクロ(1C)です。

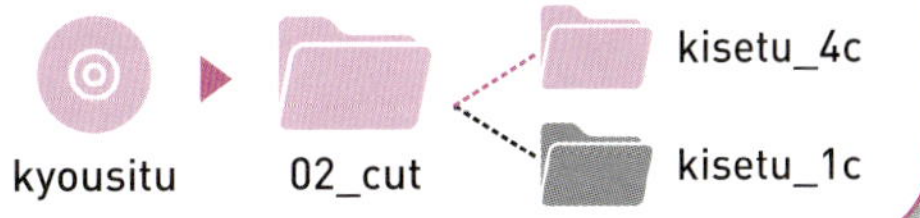

七夕
p149_01
p149_01

あさがお
p149_02
p149_02

ひまわり
p149_03
p149_03

プール
p149_04
p149_04

花火
p149_05
p149_05

スイカ
p149_06
p149_06

海
p149_07
p149_07

夏休み
p149_08
p149_08

かき氷
p149_09
p149_09

カブトムシ
p149_10
p149_10

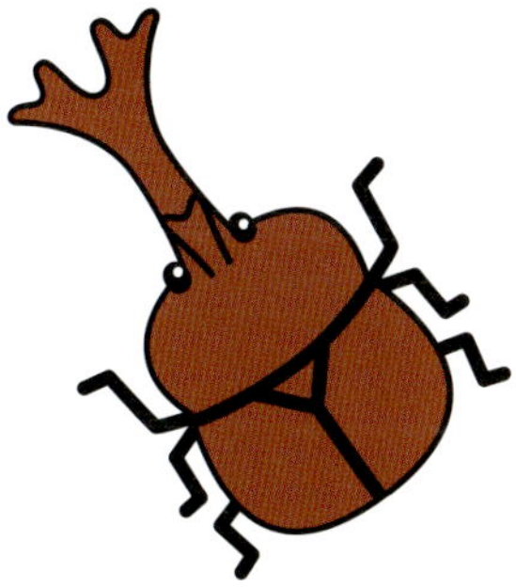

熱中症
p149_11
p149_11

夏祭り
p149_12
p149_12

※　　　はカラー(4C)、　　　はモノクロ(1C)です。

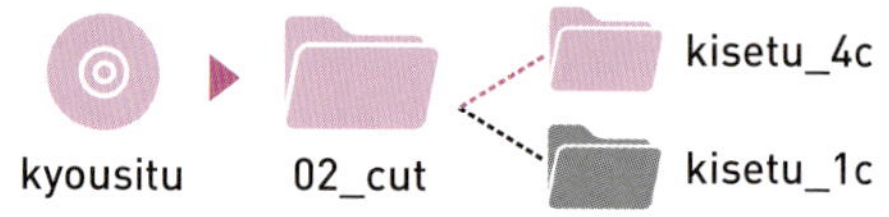
kyousitu
02_cut
kisetu_4c
kisetu_1c

防災の日

p150_01
p150_01

敬老の日

p150_02
p150_02

お月見

p150_03
p150_03

読書週間

p150_04
p150_04

Book

秋の味覚

p150_05
p150_05

運動会

p150_06
p150_06

音楽発表会

p150_07
p150_07

どんぐり

p150_08
p150_08

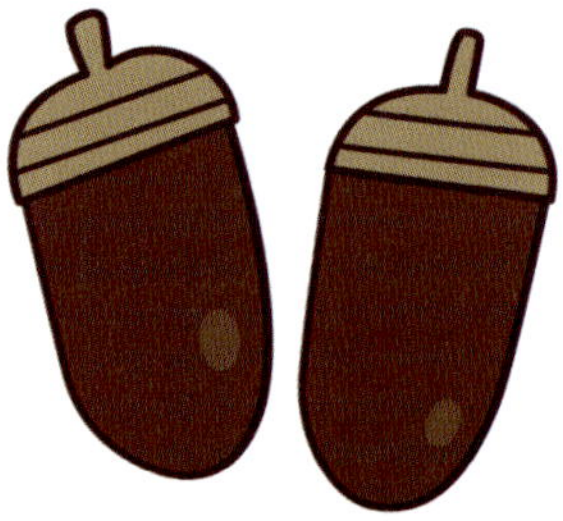

ハロウィン

p150_09
p150_09

コオロギ

p150_10
p150_10

遠足

p150_11
p150_11

紅葉とイチョウ

p150_12
p150_12

※　　　はカラー（4C）、　　　はモノクロ（1C）です。

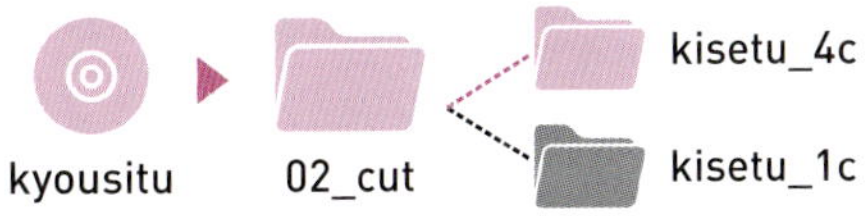

クリスマスツリー p151_01 p151_01

サンタクロースとトナカイ p151_02 p151_02

雪あそび p151_03 p151_03

雪だるま p151_04 p151_04

おもち p151_05 p151_05

こたつ p151_06 p151_06

門松 p151_07 p151_07

かきぞめ p151_08 p151_08

豆まき p151_09 p151_09

ひなまつり p151_10 p151_10

卒業式 p151_11 p151_11

卒業証書 p151_12 p151_12

※　　　はカラー（4C）、　　　はモノクロ（1C）です。

カット集 学習

kyousitu ▶ 02_cut ─ gakushuu_4c / gakushuu_1c

書道 p152_01 p152_01

短歌 p152_02 p152_02

読書 p152_03 p152_03

国語辞典 p152_04 p152_04

計算 p152_05 p152_05

数字 p152_06 p152_06

算数用具 p152_07 p152_07

実験道具 p152_08 p152_08

観察① p152_09 p152_09

観察② p152_10 p152_10

観察③ p152_11 p152_11

地図 p152_12 p152_12

※（ピンク枠）はカラー（4C）、（グレー枠）はモノクロ（1C）です。

歴史

▶p153_01
▶p153_01

地球儀

▶p153_02
▶p153_02

社会科見学

▶p153_03
▶p153_03

歌

▶p153_04
▶p153_04

リコーダー

▶p153_05
▶p153_05

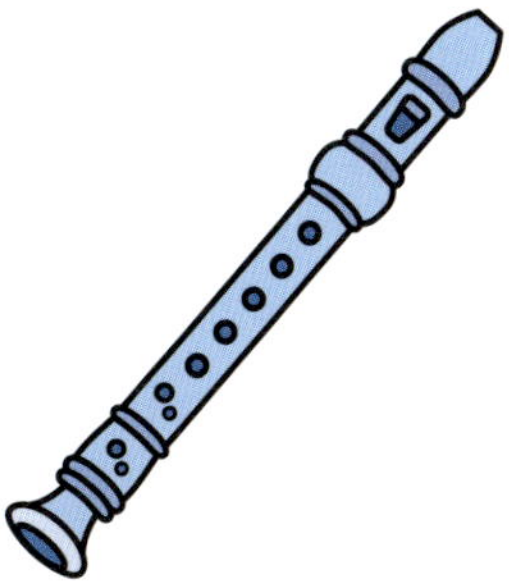

鍵盤ハーモニカ

▶p153_06
▶p153_06

ピアノ

▶p153_07
▶p153_07

合奏

▶p153_08
▶p153_08

音楽の記号

▶p153_09
▶p153_09

体操着

▶p153_10
▶p153_10

準備運動

▶p153_11
▶p153_11

なわとび

▶p153_12
▶p153_12

※　　　はカラー（4C）、　　　はモノクロ（1C）です。

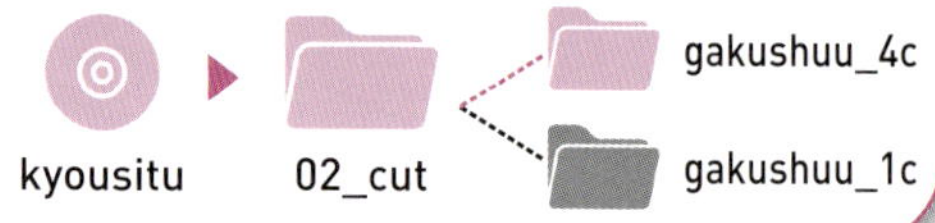
kyousitu
02_cut
gakushuu_4c
gakushuu_1c

かけっこ

p154_01
p154_01

クレヨン・色鉛筆

p154_02
p154_02

工作

p154_03
p154_03

お絵かき

p154_04
p154_04

絵の具

p154_05
p154_05

道具

p154_06
p154_06

作品

p154_07
p154_07

料理

p154_08
p154_08

裁縫

p154_09
p154_09

英語の先生

p154_10
p154_10

ABC

海外の友達

p154_11
p154_11

挙手

p154_12
p154_12

※　　　　はカラー(4C)、　　　　はモノクロ(1C)です。

板書

p155_01
p155_01

授業

p155_02
p155_02

発表

p155_03
p155_03

100点のテスト

p155_04
p155_04

筆記用具

p155_05
p155_05

教科書

p155_06
p155_06

先生(男性)

p155_07
p155_07

先生(女性)

p155_08
p155_08

校長先生

p155_09
p155_09

宿題

p155_10
p155_10

パソコン学習

p155_11
p155_11

はかせ

p155_12
p155_12

※（ピンク枠）はカラー(4C)、（グレー枠）はモノクロ(1C)です。

カット集 生活

kyousitu ▶ 02_cut ▶ seikatu_4c / seikatu_1c

▼机といす p156_01 p156_01

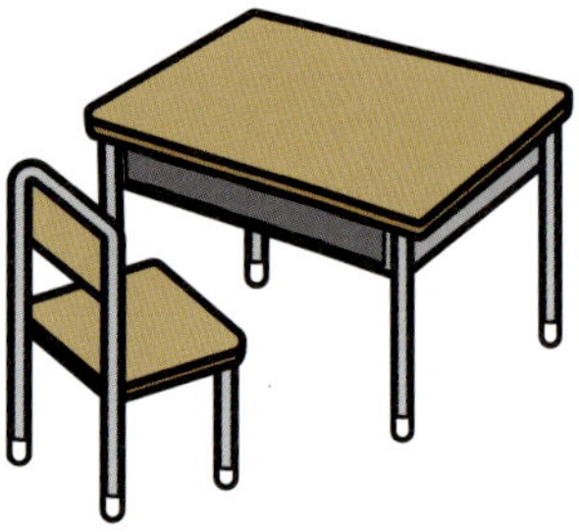

▼学校 p156_02 p156_02

▼教室 p156_03 p156_03

▼黒板 p156_04 p156_04

▼トイレ p156_05 p156_05

▼保健室 p156_06 p156_06

▼図書室 p156_07 p156_07

▼水道 p156_08 p156_08

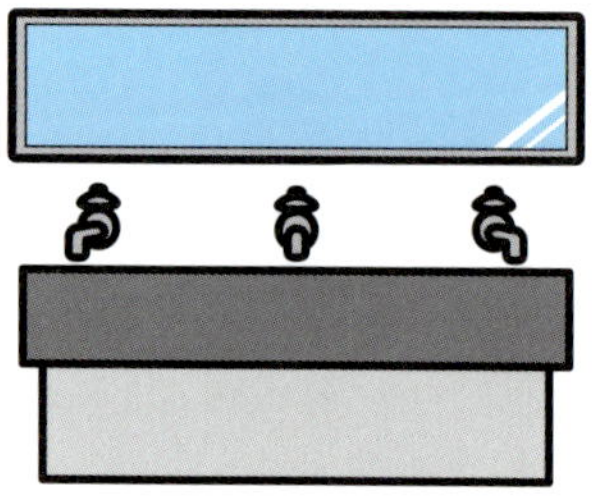

▼上履き p156_09 p156_09

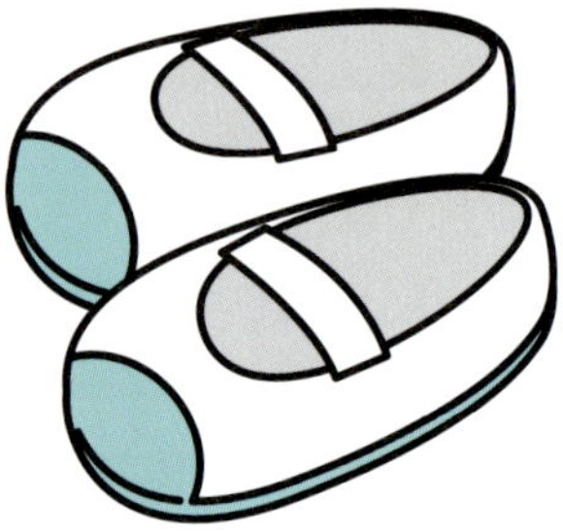

▼下駄箱 p156_10 p156_10

▼登校 p156_11 p156_11

▼下校 p156_12 p156_12

※（ピンクの枠）はカラー(4C)、（グレーの枠）はモノクロ(1C)です。

あいさつ

p157_01 p157_01

怒る

p157_02 p157_02

笑う

p157_03 p157_03

泣く

p157_04 p157_04

驚く

p157_05 p157_05

上級生と下級生

p157_06 p157_06

集金

p157_07 p157_07

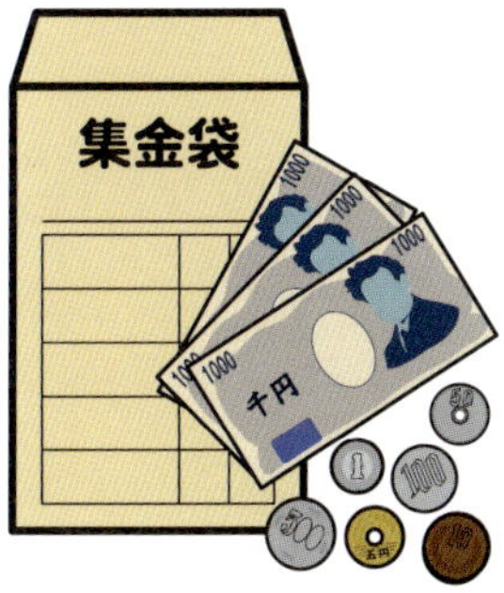

バッグ

p157_08 p157_08

配布物

p157_09 p157_09

手洗い

p157_10 p157_10

うがい

p157_11 p157_11

落し物

p157_12 p157_12

※ （ピンク枠）はカラー(4C)、（グレー枠）はモノクロ(1C)です。

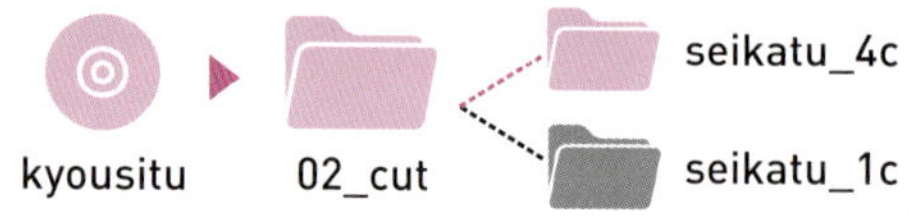
kyousitu
02_cut
seikatu_4c
seikatu_1c

歯磨き

p158_01
p158_01

歯ブラシとコップ

p158_02
p158_02

風邪

p158_03
p158_03

ばい菌

p158_04
p158_04

水やり

p158_05
p158_05

餌やり

p158_06
p158_06

掃除

p158_07
p158_07

掃除用具

p158_08
p158_08

給食当番

p158_09
p158_09

給食着

p158_10
p158_10

給食

p158_11
p158_11

いただきます

p158_12
p158_12

※（ピンク枠）はカラー(4C)、（グレー枠）はモノクロ(1C)です。

▼お弁当 p159_01 p159_01

▼話し合い p159_02 p159_02

▼休み時間 p159_03 p159_03

▼バス p159_04 p159_04

▼自転車 p159_05 p159_05

▼賞状 p159_06 p159_06

▼トロフィー p159_07 p159_07

▼身体測定 p159_08 p159_08

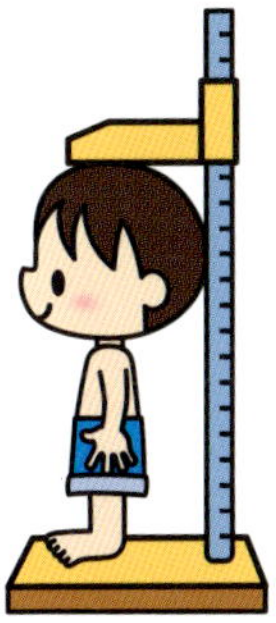

▼歯科検診 p159_09 p159_09

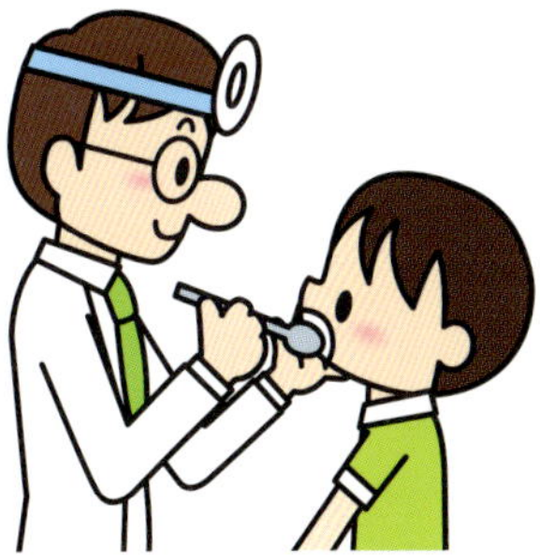

▼予防接種 p159_10 p159_10

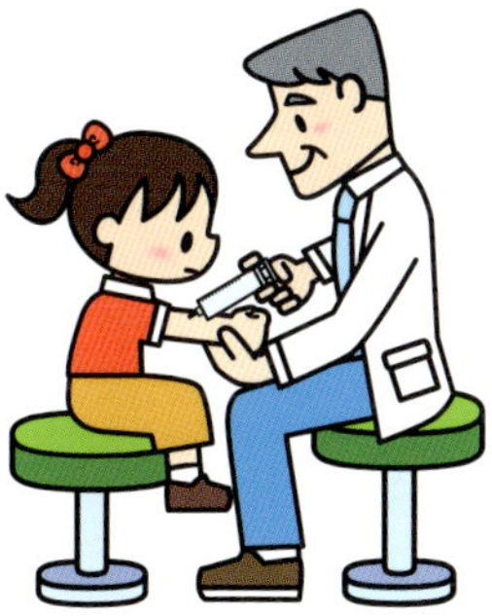

▼授業参観日 p159_11 p159_11

▼避難訓練 p159_12 p159_12

※（　　）はカラー(4C)、（　　）はモノクロ(1C)です。

●監修者

釼持勉（けんもち・つとむ）

東京都出身。福島県の高校教諭、東京都の小学校教諭を務め、その後荒川区教育委員会、東京都教育委員会、教職員研修センターなど行政職として13年、国立市、小金井市で校長職として9年、東京学芸大学特任教授、帝京大学教育学部教授、帝京科学大学教育人間科学部教授を経て、現在、明海大学客員教授。現在、教育評論家、板書のプロ、教育採用試験アドバイザーとして活躍。専門分野は国語教育のほか、学校経営・学級経営の研究を行い、学級担任の資質向上をめざした取り組み、若手教員の人材育成に尽力している。著書に『プロの板書』（教育出版）、『小学1年 365日の学級経営・授業づくり大事典』（明治図書出版）などがある。

●イラスト

〈カバー・本文〉 とみたみはる
〈CD-ROM〉 aque
どうまんかずのり
M@R
森海里

●STAFF

カバー・本文デザイン　小林幸恵（有限会社エルグ）
CD-ROMデータ作成　株式会社エムツークリエイト
編集担当　伊藤雄三・齋藤友里（ナツメ出版企画株式会社）
編集協力　株式会社童夢
校　　正　有限会社玄冬書林

●取材協力

板橋区立志村坂下小学校
校長　植松光一
赤﨑佳子　河本満美子　清水明子
菅野葉月　髙山健　平野恵美

江戸川区立篠崎小学校

大田区立出雲小学校
神明麻美　窪田汐里

品川区立小中一貫校品川学園
久松愛

練馬区立上石神井小学校
林俊宏　葛窪恵美衣

練馬区立豊玉第二小学校
副校長　阿部貴之

八王子市立第四小学校
大澤晴久

和歌山県上富田町立岩田小学校
宇津あつ子　谷口智章

本書に関するお問い合わせは、書名・発行日・該当ページを明記の上、下記のいずれかの方法にてお送りください。電話でのお問い合わせはお受けしておりません。
・ナツメ社webサイトの問い合わせフォーム
https://www.natsume.co.jp/contact
・FAX（03-3291-1305）
・郵送（下記、ナツメ出版企画株式会社宛て）
なお、回答までに日にちをいただく場合があります。正誤のお問い合わせ以外の書籍内容に関する解説・個別の相談は行っておりません。あらかじめご了承ください。

CD-ROM付《つ》き 子《こ》どもがやる気《き》になる！ 教室掲示《きょうしつけいじ》とレイアウト　目的別《もくてきべつ》アイデア集《しゅう》

2016年３月10日　初版発行
2021年６月20日　第10刷発行

監修者　釼持勉《けんもちつとむ》
発行者　田村正隆

発行所　株式会社ナツメ社
東京都千代田区神田神保町1-52 ナツメ社ビル1F（〒101-0051）
電話　03-3291-1257（代表）　FAX　03-3291-5761
振替　00130-1-58661
制　作　ナツメ出版企画株式会社
東京都千代田区神田神保町1-52 ナツメ社ビル3F（〒101-0051）
電話　03-3295-3921（代表）
印刷所　図書印刷株式会社

ISBN978-4-8163-5983-5
Printed in Japan